ENGLISH TO SPANISH

GLOSSARY OF EDUCATIONAL TERMINOLOGY

An English to Spanish compilation of the most common words, phrases, and acronyms used in the field of education

SECOND EDITION

RODOLFO VALENTÁN

English to Spanish Glossary of Educational Terminology: An English to Spanish compilation of the most common words, phrases and acronyms used in the field of education

ISBN: 1720945810
ISBN-13: 978-1720945819
Second Edition

Disclaimer

This book and all of its contents are intended for educational and informational purposes only. The information in this book is believed to be reliable, but is presented without guarantee or warranty. The author and publisher assume no responsibility for errors or omissions. Neither is any liability assumed for damages resulting from the use of the information contained herein. By reading further, you agree to release the author and publisher from any damages or injury associated with your use of the material in this book.

About the Author

Rodolfo Valentán is a professional translator and interpreter specializing in the field of education. He has worked for the San Diego Unified School District since 1992, serving the educational community in various capacities. In 2004, he began his career as a translator and interpreter with the district's Translation Department. In 2007, he obtained his certificate in translation and interpretation from the UCSD Extension Professional Certificate in Translation and Interpretation Program, where, since 2010, he teaches student courses in the subjects of Simultaneous Interpretation and Translation and Interpretation in Education. Additionally, he provides trainings to school districts in an effort to professionalize the field of translation and interpretation in education.

This glossary was created and compiled from his many years of experience in the field of education and community translation/interpretation, and researched with the help of countless dictionaries, glossaries, specialized books, documents, websites, education-related publications, consultations and discussions.

The author wishes to acknowledge the undervalued and often unrecognized efforts of translators and interpreters in the field of education, and extends his gratitude and appreciation to the following organizations for their inspiration and assistance in the creation of this glossary: United States Department of Education, California Department of Education, San Diego Unified School District Translations Department, Los Angeles Unified School District, the Office of Superintendent of Public Instruction - Washington State, and the Translation and Interpretation Certificate Program at University of California, San Diego Extension.

TABLE OF CONTENTS

Introduction

The main purpose of this glossary is to help professionals in the field of education overcome language barriers and communicate more effectively with the Spanish-speaking communities they serve.

Educational terminology is translated differently by educational agencies all across the United States and, in many instances, even within each individual educational agency. This can cause confusion and frustration for anyone involved in the field of education (teachers, parents, students, support staff, administrators, translators/interpreters, community members/organizations, etc.). Although this glossary is intended primarily for translators and interpreters involved in the United States' educational system, anyone with an interest in bilingual education will find it useful.

Due to the richness of the Spanish language, this glossary offers several Spanish equivalents for certain English terms (separated by a semicolon). The reader and the context of the message will determine the appropriateness of each option. Additionally, since it would be nearly impossible to attempt to compile a list of equivalent terminology in every possible variation of the Spanish language, and because many Spanish-speaking students in the U.S. originate from Mexico, this collection of terminology is written in a more "neutral" Mexican vocabulary. As any professional translator will attest, some people will agree with some Spanish equivalents more than others. Ultimately, this glossary hopes to encourage a more uniform and consistent use of a standardized English/Spanish vocabulary within the educational community for the benefit of our students.

Explanatory Notes

- For many terms, multiple Spanish suggestions are provided. In such cases, the different Spanish equivalents are listed in no particular order, separated by a semicolon.
- Words found within quotes " " are considered to be the most generally and easily understood Spanish equivalent, although not necessarily the official translation.
- Words found within parenthesis ( ) are clarifiers used to explain the context of the English term and/or Spanish translation.
- Websites found within parenthesis ( ) are used to indicate that the term is used officially by a particular organization.
- In situations where the use of a term might be more ambiguous, it will be clarified by the use of (n.) for noun, (v.) for verb, or (adj.) for adjective.
- Words written in *italics* are Anglicisms that may be generally accepted as the best equivalent when no Spanish translation is available (with our most sincere apologies to the Real Academia Española).
- This glossary does not contain every regional, dialectical, or colloquial variation of the Spanish language.

EDUCATIONAL TERMINOLOGY

A

abduction	secuestro; rapto; (by aliens) abducción
abet	instigar; ser cómplice; incitar
abide	atenerse a; sujetarse a; cumplir con; acatar
ability	habilidad; capacidad; destreza
abnormality	anormalidad
above and beyond	por encima de lo requerido; extraordinario; más allá de lo que se exige/exigido; por encima y más allá; superar algo
above average	por encima del promedio; superior al promedio
above, the	lo antedicho; lo anterior; lo precitado; lo sobredicho previamente
abreast of, to keep	estar al tanto/al corriente de
absence	ausencia; falta
absentee ballot	votación ausente
abstinence	abstinencia
abstract (n.)	resumen; reseña; sinopsis; síntesis
abstract (v.)	resumir; abreviar; abstraer; extraer; compendiar
abuse	abusar; maltratar
academic	académico; escolar
academic achievement	rendimiento/aprovechamiento/resultado académico
academic background	historial académico; antecedentes académicos
academic performance	desempeño/rendimiento/aprovechamiento académico
Academic Performance Index (API)	Índice de Desempeño Académico
academic progress	progreso académico
academic review	revisión académica
academic skill	destreza/habilidad académica; conocimiento académico
academics	estudios académicos
accelerated	acelerado; avanzado; intensivo
accelerated college program	programa universitario intensivo
accent	acento
acceptance	aceptación
access (n.)	acceso; entrada
access (v.)	acceder; entrar
acclimate	aclimatarse
acclimatization	aclimatación

accommodate	adaptar; ajustar; amoldar; alojar; ubicar; contener; tener espacio para; dar espacio; preparar; modificar; permitir
accommodating	complaciente; flexible; acomedido; servicial; cortés
accommodation	adaptación; acomodamiento; modificación; preparativo; ajuste; alojamiento; hospedaje
accomplish	lograr; cumplir; llevar a cabo; realizar
accomplished (adj.)	consumado; dotado; experto
accomplishment	logro; éxito; cumplimiento; realización
account for	tomar en cuenta; rendir cuentas; explicar; responder por
accountability	rendición de cuentas; responsabilidad; dar cuenta de
accountability targets	metas de responsabilidad
accreditation	acreditación
accuracy	precisión; exactitud
achievable	lograble; alcanzable; al alcance; realizable; factible
achieve	lograr; llevar a cabo; realizar; alcanzar
achievement	rendimiento; logro; desempeño; resultado; aprovechamiento
achievement gap	brecha de rendimiento
acknowledgement	reconocimiento; agradecimiento; (of receipt) acuse de recibo
acquire	adquirir; aprender; obtener
Acquired Immune Deficiency Syndrome (AIDS)	Síndrome de Inmunodeficiencia Adquirida (SIDA)
acquisition	adquisición; aprendizaje
acquit	absolver
acquittal	absolución
acronym	acrónimo
act (n.)	hecho; acción; acto; ley; decreto; sentencia
act (v.)	actuar; obrar; funcionar
act out	portarse mal; comportamiento fuera de lugar; actuar; simular
acting principal	director interino
action item	asunto/tema para acción
actionable	procesable; factible
active duty	servicio activo
active listening	escuchar activamente
active shooter	tirador activo
active voice	voz activa
activist	activista
activity	actividad
actual	real; verdadero; existente; efectivo
actually	en realidad; realmente; de verdad
actuals	(accounting) valores reales
acuity	agudeza
ad hoc committee	comité ad hoc; comité con un fin específico; comité especial

adapted physical education	educación física adaptada
adaptive behavior	conducta adaptativa
adaptive skills	habilidades adaptativas
addendum	adenda
addition	suma; sumar; adición
additive	aditivo; suplementario
address (n.)	dirección; domicilio; discurso; plática
address (v.)	dirigirse a; dirigir la palabra; abordar; tratar; cubrir; hablar sobre; resolver; solucionar
adequacy	(satisfaction) adecuación; (sufficiency) suficiencia
adhesive bandage	curita; tira adhesiva
adjective	adjetivo
adjourn	clausurar; levantar la sesión
adjust	adaptarse; ajustarse
adjustment	ajuste; adaptación
administer	administrar; aplicar; dar
administrative aide	ayudante administrativo
administrative assistant	asistente administrativo
administrative leave	licencia administrativa
administrator	administrador
admission requirements	requisitos de admisión
admissions officer	encargado de admisiones
adolescence	adolescencia
adolescent	adolescente; (pejorative) inmaduro
adopted materials	materiales adoptados
adult education	educación para adultos
adult supervision	supervisión por parte de adultos
advanced courses	cursos avanzados
Advanced Placement (AP)	Asignación Avanzada
advancement	avance; mejoramiento; progreso
Advancement Via Individual Determination (AVID)	Avance Vía la Determinación Individual
adverb	adverbio
adversity	adversidad
advisor	asesor; orientador; consejero
advisory (adj.)	asesor; consultivo; orientador
advisory board	mesa asesora/consultiva
advisory class	clase de orientación
advisory committee	comité asesor/consultivo

advisory council	consejo asesor/consultivo
advocacy	intercesión; promoción y defensa
advocate (n.)	intercesor; promotor y defensor
advocate (v.)	interceder; advocar; abogar; gestionar
Aesop's Fables	Fábulas de Esopo
affect (n.)	afectividad
affidavit	afidávit; declaración jurada
affirmative action	acción afirmativa
affixes	afijos
affluent	acaudalado; rico; próspero; de amplios recursos económicos
affordability	asequibilidad; accesibilidad
affordable	asequible; accesible; económico; a su alcance
Affordable Care Act (ACA)	Ley de Cuidado de Salud a Bajo Precio (barackobama.com)
affordable housing	vivienda asequible/económica
African American	afroamericano
after school center	centro de actividades después de clases
age	edad
agencies	agencias; entidades; organismos
aggregate	sumar; acumular; juntar
aggregate performance	desempeño total/global
agree	acordar; estar de acuerdo; (to serve) ha acordado servir/ejercer en
agree to disagree	aceptar estar en desacuerdo; aceptar las diferencias
agreement	acuerdo; contrato; concordancia (concordancia entre el sujeto y el verbo)
aid and abet	asistir e instigar
Aid to Families with Dependent Children (AFDC)	Ayuda a Familias con Hijos Dependientes
aide	ayudante; asistente; auxiliar
aim (n.)	meta; objetivo; propósito
aim (v.)	intentar; aspirar a; tratar
air conditioning	aire acondicionado
air horn	corneta de aire
alcohol swab	hisopo con alcohol
alertness	atención; diligencia; agudeza; viveza; estar alerta
algebra	álgebra
alibi	coartada (provide an alibi = presentar una coartada)
aligned	alineado con; basado en; paralelo con
all call	llamada a todos; voceo/mensaje general
all my best	saludos cordiales; cordialmente
all that apply	(checklist) todo lo que corresponda
alleged	presunto

allergen	alérgeno
allergy	alergia
alleviate	aliviar; mitigar; calmar
alliance	alianza
allocate	asignar; distribuir; repartir
allocation	asignación; distribución; repartición
allophone	alófono
allotment	asignación
allowance	concesión; asignación; cuota; mesada; "domingo"
allude to	aludir; hacer referencia a alguien/algo sin nombrarlo
alphabet	abecedario; alfabeto
also	también; además; por otra parte; adicionalmente; asimismo; del mismo modo
altercation	altercado; disputa; pelea; pleito
alternative school	escuela alternativa
alto saxophone	saxofón soprano
alumnus/alumni	egresado/s; ex alumno/s
Amber alert	alerta Amber
amendment	enmienda; corrección; modificación
American Indian	indígena americano
analogy	analogía
analysis	análisis
anaphylactic reaction	reacción anafiláctica
anaphylaxis	anafilaxia
ancestor	antepasado; ancestro
ancestry	ascendencia; linaje
ancillary	subordinado; auxiliar; secundario; anexo
andragogy	andragogía
androgynous	andrógino
anecdote	anécdota
anger	ira; enojo
anger management	manejo de la ira; control del temperamento
Anglicism	anglicismo
angry	enojado; enfadado; molesto
angst	angustia; ansiedad
animosity	animosidad
annotation	anotación; comentario
annoy	molestar; fastidiar; enfadar
annoyance	molestia; fastidio; enojo; enfado
annoyed	molesto; irritado; enfadado; fastidiado; harto
annual language census	censo anual de idiomas
anomaly	anomalía; rareza; desviación
anonymity	anonimato
anoxia	anoxia

answer	respuesta; solución; resultado
answer key	hoja de respuestas
antonym	antónimo
anxious	ansioso; inquieto; nervioso; preocupado; angustiado
apathy	apatía
aphasia	afasia; pérdida del habla
aphasic	afásico
apostille	apostillado
apostrophe	apóstrofo
appeals board	directiva de apelaciones
applicant	solicitante; aspirante; candidato
application form	solicitud; formulario para solicitar…
apply	(request) solicitar; (put on) aplicar; poner
appoint	nombrar; asignar; otorgar un puesto
appointment	(meeting) cita; (position) nombramiento; puesto
apportionment	asignación; distribución; repartición
appreciation	agradecimiento; aprecio; reconocimiento
appreciative inquiry	indagación apreciativa
apprehensive	aprensivo; temeroso
apprenticeship	práctica; aprendizaje
approach	método; técnica; estrategia; táctica; planteamiento; enfoque
appropriate (v.)	asignar; apropiarse; adueñarse; incautar
appropriate, as	de manera apropiada; según corresponda; según sea apropiado
appropriateness	lo apropiado; pertinencia; relevancia; idoneidad
appropriation	consignación; asignación
approval of minutes	aprobación de las actas/minutas
April	abril
archery	tiro con arco
archival	archivístico
area	área; campo (el campo de especialización); zona; región
area code	lada; código de área
area superintendent	superintendente de área
argue	discutir; argumentar; pelear
argument	discusión; pelea; debate; disputa; (reasoning) argumento; razón
argumentation	argumentación; razonamiento
argumentative	argumentativo
arithmetic	aritmética
army	ejército
army brat	hijo de militares
arrangements	preparativos
array	variedad; surtido
arrogant	arrogante; soberbio; prepotente; creído

articulate	articular; pasar de un grado al próximo; (speaking) articular; expresar oralmente
articulation	articulación; transición de un grado a otro; pronunciación clara y correcta
artist in residence	artista asignado al plantel
arts and crafts	artes y oficios; manualidades
as	(while) a medida que; mientras que
as described	como se describe
as determined by	según lo determina/e
as of	a partir de
as well as	(X as well as Y) tanto X como Y
as written	como fue redactado; de la manera como está escrito
ashamed	avergonzado; apenado
assault	lesiones; agresión; ataque
assault and battery	delitos contra la integridad
assembly	asamblea; junta; congreso
assembly bill	proyecto de ley de la Asamblea
assembly line	línea de ensamble; cadena de montaje; línea de ensamblaje; línea de producción
assemblyman/woman	integrante de la asamblea; congresista
assertive	asertivo; seguro de sí mismo; firme
assess	evaluar; investigar; analizar; avalorar; determinar; valorar; medir; calcular
assessed value	valor determinado; valoración
assessment	evaluación; determinación; valoración; tasación; cálculo; análisis; gravamen (de impuestos)
assessment and evaluation	valoración/determinación y evaluación
asset	ventaja; recurso; factor favorable; algo valioso; (finan.) bien; pertenencia
asset management	administración de bienes/recursos
assignment	trabajo; tarea; labor; asignación
assist	ayudar; asistir; auxiliar
assistance	ayuda; auxilio; asistencia
Assistant Attorney General of U.S.	Secretario de Justicia Auxiliar de EE.UU. (justice.gov/spanish)
assistant superintendent	superintendente adjunto
assistive technology	tecnología asistencial
Associate in Arts Degree (AA)	Título Universitario de Preparación Básica (cde.ca.gov); Título Universitario de 2 años
associate superintendent	superintendente asociado
Associated Student Body (ASB)	Cuerpo Estudiantil Asociado

assume	suponer; creer; (a post/office) asumir un cargo/mandato
assumption	suposición
assurance	garantía; aseguramiento; promesa
assurances	garantías declaradas de conformidad
assure	asegurar; garantizar; cerciorar
asthma	asma
astigmatism	astigmatismo
at any rate	como quiera que sea; de cualquier manera; a cualquier precio; a como dé lugar; a toda costa
at large	libre (member at large = miembro libre); (to be…) ser fugitivo
at my expense	a costa mía; haciéndome responsable por los costos
at risk	propensos a fracasar; en riesgo/en peligro (de no pasar o avanzar de año/grado)
at your earliest convenience	tan pronto como le sea conveniente/posible; lo antes que pueda; en cuanto pueda
athletic director	director deportivo
athletics	deportes
atrium	patio interior
attachment (Att.)	anexo; adjunto
attain	obtener; conseguir; alcanzar; lograr
attainable	alcanzable; obtenible; posible; conseguible
attainment	logro; realización; obtención
attend	asistir; estar presente; presenciar; atender; estar atento
attendance	asistencia; presencia
attendance area	zona de asistencia escolar
attendance assistant	ayudante de asistencia
attendance boundary	zona límite de asistencia
Attention Deficit Hyperactivity Disorder (ADHD)	Trastorno de Deficiencia de Atención e Hiperactividad
attention span	lapso de atención
attentive	atento; solícito
attest	testificar; atestiguar; dar fe; certificar
attire	atuendo; vestimenta; vestido
attitude	actitud
attorney general	(U.S.) ministro de justicia; (Méx.) procurador general
Attorney General, State	Procurador General del Estado (oag.ca.gov)
Attorney General, U.S.	Secretario de Justicia de EE.UU. (justice.gov/spanish)
Attorney, U.S.	Fiscal Federal (justice.gov/spanish)
attrition rate	tasa de desgaste
atypical school	escuela atípica
audience	público; (theater) auditorio; (TV, radio) audiencia

audiolingual	audiolingual
audiometrics	audiometría
audiovisual equipment	equipo audiovisual
audit	auditoría
audition (n.)	audición
audition (v.)	participar en una audición/prueba
auditorium	auditorio
auditory	auditivo
August	agosto
authority	autoridad
autism spectrum	espectro autista (cdc.gov)
auto shop	clase de mecánica; taller mecánico
autodialer	marcador automático
autodidactic	autodidacta
automaticity	automatismo
autonomous	autónomo
availability	disponibilidad
available upon request	están a su disposición
average (n.)	promedio; valor medio; típico; ordinario; regular
average (v.)	calcular el promedio; promediar
average range	dentro de los límites regulares
avoidance behavior	comportamiento de evitación
award (n.)	premio; recompensa
award (v.)	premiar; recompensar; otorgar
award assembly	asamblea de premios
award-winning	galardonado; premiado
awareness	hacer conciencia/estar consciente de algo; concientización; reconocimiento; percepción; darse cuenta; percatarse
awesome	asombroso; impresionante; increíble; estupendo
awkward	incómodo; extraño; raro; torpe

B

babble	balbucear; balbucir
baby wipes	toallitas (húmedas) para bebé
babysitter	niñero
babysitting	cuidado de niños
Bachelor of Arts Degree (BA)	Licenciatura en Humanidades
bachelor's degree	licenciatura; título universitario
backbone support	(figurative) apoyo fundamental; apoyo de respaldo; soporte esencial
backdate	antedatar
background	antecedentes (étnicos, criminales, académicos, etc.); origen
background check	averiguación/verificación/investigación de antecedentes
backpack	mochila
backslash (\)	diagonal invertida
backstage	entre bastidores; detrás del escenario; detrás de las cámaras
backstory	historia de fondo; trasfondo; el pasado; antecedentes
back-to-school night	noche de regreso a clases
badge	gafete; insignia; emblema; (of honor) medalla; (police) placa
bail	fianza
bake sale	venta de productos horneados; venta de pasteles
baked goods	productos horneados
balance	balance; equilibrio; nivel
balance forward	saldo anterior
balance on hand	saldo disponible
ballot	boleta electoral
ballot box	urna electoral
ballot measure	propuesta de ley
bandage	vendaje
Band-Aid®	curita; tira adhesiva
banner	cartel; letrero; pancarta; anuncio
barcoding	codificar en barras
bargain (n.)	ganga; buena oferta
bargain (v.)	negociar; regatear
bargaining	negociación
bargaining unit	grupo de negociaciones
baritone	barítono
baseline	punto de partida/inicial; lo mínimo
basic	básico; fundamental
basic skills	destrezas/habilidades básicas
bassoon	fagote

bathroom stall	compartimiento del baño
baton	bastón
battery	agresión física
BB gun	pistola de balines
BBQ (barbecue)	(sauce) salsa BBQ; (grill) asador; parrilla; (event) parrillada
be advised	esté informado
beaker	vaso de laboratorio/de precipitados
beat the odds	vencer/superar las probabilidades/las dificultades/las expectativas; anteponerse a la adversidad
become effective	entrar en vigor; estar vigente; ser efectiva
beeper/pager	localizador personal; "bíper"
before and after	previo y posterior; antes y después
beginning balance	saldo inicial
beginning sound	sonido inicial
behavior pattern	patrón de comportamiento
behavior specialist	especialista en comportamiento
behavioral	conductual
behavioral health	salud conductual
behind the scenes	entre bastidores
believe	creer; estar convencido; confiar; tener confianza
bell curve	curva de distribución normal
bell schedule	horario de la campana/del timbre; horario de clases
below	a continuación (return the form below = devuelva el formulario a continuación); más adelante; el siguiente
below average	inferior al/por debajo del promedio
Below Basic	Por Debajo del (nivel) Básico
below grade level	inferior al nivel de su grado
belt sander	lijadora de banda
benchmark	punto de referencia
benefits	beneficios; (insurance benefits) prestaciones
bereavement leave	licencia por duelo
best practices	mejores prácticas
beyond	más adelante; posterior; después
bias	preferencia; favoritismo; prejuicio; predisposición; parcialidad; sesgo
biased	parcial; prejuiciado; partidista; predispuesto
bicultural	bicultural
bicycle	bicicleta
bid	licitación; oferta; propuesta
bigot	intolerante
bigotry	intolerancia
bike	bici
bilateral coordination	coordinación bilateral

Bilingual Advisory Committee	Comité Asesor de la Educación Bilingüe
bilingual education	educación bilingüe
bilingualism	bilingüismo
biliterate	biletrado
bill	factura; cuenta; proyecto de ley
bill of rights	carta de derechos
binder	carpeta de argollas
binge drinking	beber excesivamente hasta emborracharse; consumo excesivo del alcohol; "borrachera"
biology	biología
birth certificate	acta de nacimiento
bisexual	bisexual
Black	(race) raza negra
blacktop	patio de asfalto
blame (n.)	culpa
blame (v.)	culpar; echarle la culpa a
blank piece of paper	hoja (de papel) en blanco
block	bloquear; impedir; tapar
block grant	subvención en bloque
block schedule	horario en bloque
blog	*blog;* bitácora
blood pressure	presión arterial
bloodstream	torrente sanguíneo
blueprint	(architectural) plano; plan (maestro); diseño; estructura; esquema
board certified	certificado por el consejo/colegio/junta/comité/comisión/dirección/mesa
board of directors	mesa directiva
board of education	mesa directiva de educación
boarding school	internado; escuela residencial
bodily fluids	fluidos corporales
body	cuerpo; (organization) organismo; asamblea; cuerpo
body shaming	burlarse de/avergonzar a alguien por el aspecto de su cuerpo
boilerplate letter	carta estándar
bold(ed) words	palabras en negrita
bond	bono (público); obligación; título de una deuda
bond debt	deuda de los bonos
bond measure	iniciativa electoral de emisión de bonos; impuesto temporal
bond rating	calificación crediticia para bonos
book fair	feria del libro
book report	reporte de libro; reseña de libro
bookends	sujeta libros
bookmaking	creación de libros
bookmark	marcador

booster club	club de aficionados; club de motivación/ánimo
booster seat	asiento infantil (elevado)
booster shot	vacuna de refuerzo; dosis de refuerzo
boot camp	(military) campo de entrenamiento básico; (education) capacitación básica intensiva; (fitness) clase de condición física/entrenamiento militar
border patrol	patrulla fronteriza
borderline	limítrofe (boderline level = nivel limítrofe)
bored	aburrido
borrow	pedir/tomar prestado
bottoms	(clothing) prendas/ropa de la cintura para abajo
bouncy castle	"brincolín"; castillo inflable
bound	en vías (diploma-bound student = alumno en vías de recibir un diploma); en camino
boundaries office	oficina de zonas de asistencia
boundary	zona límite de asistencia; frontera
bowel movement	deposición; defecación; movimiento intestinal
box-cutters	navajas para abrir cajas
brain	cerebro
brain drain	(loss of learning during vacation) desaprendizaje de vacaciones; (loss of skilled people) fuga de cerebros
brainstorm	tormenta de ideas; lluvia de ideas; intercambio de ideas
branch	rama; sucursal; dependencia; división; (of government) rama del gobierno
branding	reconocimiento de marca; posicionamiento; creación de imagen/identidad
brandish	blandir; sacar y mostrar/exhibir (de manera amenazante)
brass knuckles	manopla; nudillos de acero
brat	maleducado; mocoso
breach	romper; atravesar; traspasar; quebrantar; infringir
breach of contract	incumplimiento de un contrato
breadwinner	el sostén de la familia; el que mantiene a la familia
break (n.)	quebradura; fractura; rotura; (vacation) vacaciones; descanso; receso; recreo; pausa
break (v.)	romper; quebrar; descomponer; arruinar; tomar un descanso
break ground	comenzar la obra
breakdown	desglose; análisis; (mechanical) descompostura; (mental) crisis emocional; ataque de nervios
Breakfast in the Classroom	Desayuno Dentro del Salón
breakout session	grupos/sesiones divididas/individuales
breathalyzer	alcoholímetro
brick and mortar	presencia física; instalaciones; edificio; comercio tradicional; propiedad inmobiliaria
bridge the gap	cerrar la brecha; eliminar la desigualdad

Bridging (level)	(nivel) Transitorio
brief (n.)	resumen; informe
brief (v.)	informar; explicar; instruir
brief (adj.)	breve; corto; conciso; rápido
bright spot	punto/ejemplo positivo
Bring Your Child/Parent to Work Day	Día para llevar a sus hijos/a sus padres al trabajo
broadcast journalism	periodismo audiovisual
browser (web)	navegador (de la red)
buddy system	sistema de compañerismo
budget (n.)	presupuesto
budget (v.)	presupuestar
budget cut	recorte presupuestario; recorte al presupuesto
budget string	cadena presupuestaria; cadena de presupuesto
budgeting	presupuestación; creación/elaboración de un presupuesto
build	construir; crear; generar; formar; hacer; erigir; desarrollar; formular; cultivar
build upon	basarse en; continuar trabajando; desarrollar; fortalecer
building services supervisor (BSS)	supervisor de servicios de las instalaciones
bulk mail	correo en masa
bullet points	(writing) incisos; puntos
bulletin board	tablero de anuncios
bully	*bully*; acosador; bravucón; abusador; gandalla (Méx.); *buleador* (Méx.)
bullying	*bullying*; acoso; hostigamiento; bravuconeo; intimidación
bum	vago; holgazán; vagabundo; perdedor
bumping (of personnel)	desplazo
bungalow	*búngalo*; bungaló
burden	carga; preocupación; responsabilidad; agobio
burden of proof	carga de la prueba; presentar pruebas
bureau	agencia; oficina; despacho; departamento
Burma	Birmania
Burmese	birmano
burn out	agotarse; hartarse; desgastarse
business card	tarjeta de presentación
business days	días hábiles; días laborales; días de trabajo
business plan	plan de negocios
busing	transporte en autobús
buy-back day	día de desarrollo profesional
buy-in	tener un interés personal
buzzword	palabra de moda

by design	por designio; deliberadamente; intencionalmente; a propósito
bylaws	estatutos
bypass	circunvalar; evitar; rodear
byproduct	derivado; consecuencia; resultado

C

cadre	grupo/conjunto de expertos/líderes
cake walk	caminata de pasteles; (fig.) pan comido; algo fácil de hacer
calculus	cálculo
calendar day	día natural; día calendario
calendar year	año natural; año calendario; año civil
call out	identificar; retar/desafiar a alguien
call to action	llamada a la acción
call to nominations	solicitud de nominaciones
call to order	apertura de la sesión; dar principio; comienzo de la reunión (x called the meeting to order = x comenzó la reunión)
Cambodian	camboyano
campus	plantel
canvas	lienzo
cap and gown	(graduation) toga y birrete
capability	capacidad; potencial
capacity	capacidad; aptitud; habilidad
capital assets	bienes de capital; activos de capital
capital gain	plusvalía
capital improvement	mejora de capital
capitalization	uso de mayúsculas
capstone	culminante
capstone course	curso de culminación
caption	leyenda; subtítulo
carbon footprint	huella de carbono
carbon-negative	carbono-negativo
cardiac arrest	paro cardiaco
career center	centro para carreras/ocupaciones
career counselor/adviser	consejero/asesor vocacional/profesional
career technical education	educación técnica profesional
caregiver	custodio; cuidador
caregiver affidavit	afidávit de custodia
caretaker	encargado; guardián
caring	bondadoso; solícito; comprensivo; solidario
carnival	kermés; feria
carpet	alfombra
carpool	auto/vehículo/viaje compartido; vehículo de alta ocupación
carrier (of disease)	portador
carry out	llevar a cabo; ejecutar; realizar

carry over funds, to	arrastrar/traspasar/transferir/trasladar fondos
carryover funds (n.)	fondos remanentes; saldo anterior
case management	gestión/administración de casos
case manager	encargado/administrador del caso
case sensitive	distingue mayúsculas y minúsculas
caseworker	trabajador/asistente social
cash flow	flujo de fondos/caja; entradas de fondos
cast	(show) reparto; elenco; (medical dressing) yeso
casual Friday	viernes informal
catch up, to	alcanzar; ponerse al corriente; ponerse al día; reponerse; recuperar
categorical funds	fondos categóricos
category	categoría
catering	catering; servicio de comida
Caucasian	caucásico
caucus	junta local de directivos políticos
causation	causalidad
ceiling	techo
ceiling tile	panel/placa de techo
Center for Disease Control and Prevention (CDC)	Centros para el Control y la Prevención de Enfermedades
certificate of completion	certificado de finalización
certificated	certificado; titulado; con credencial
certificated employee	empleado certificado
certified	certificado; titulado; con credencial
certifying	que certifica
chain of command	cadena de mando
chair (n.)	silla; (chairman) presidente
chair (v.)	presidir
chairman	presidente
chalkboard	pizarrón; pizarra
challenge	reto; desafío; obstáculo
challenging	desafiante; exigente; complejo; difícil
chancellor	(university) rector; director de estudios académicos; (gov.) canciller
changing	cambiante; dinámico
changing room	vestidor
channel to	encausar
chapter	(of a book) capítulo; (of an organization) sede; sucursal; delegación; división
character building	formación del carácter
character trait	aspecto del carácter

charades	mímica; caras y gestos
charged (with a crime)	ser acusado (de cometer un delito)
charitable person	persona caritativa
charitable trust	fideicomiso benéfico
charity organization	organización benéfica
chart	gráfica; tabla; diagrama; carta (hidrográfica, topográfica, de navegación, etc.); mapa
chart of accounts	catálogo de cuentas
charter (n.)	estatutos; carta estatutaria; acta de fundación
charter (v.)	fundar
charter member	miembro fundador
charter school	escuela autónoma; escuela *chárter*
chat	charlar; platicar; conversar; (online) chatear
cheat	hacer trampa; copiar
cheat sheet	acordeón; hoja con las respuestas (para hacer trampa); ayuda memoria; hoja de referencia; guía rápida
check (n.)	revisión; verificación; chequeo; (banking) cheque
check (v.)	revisar; verificar; asegurarse; comprobar; examinar; ver
check homework, to	revisar la tarea
check list	lista de control; lista de verificación; lista de referencia
check the appropriate line/box	marque la línea/la casilla apropiada; marque el espacio correspondiente; indique lo pertinente
check-in	registrarse; (make contact) reportarse; ponerse en contacto; contactar
checkmark	tilde; "palomita"
check-up	(medical) chequeo/examen médico
cheerleader	porrista
cheerleading	clase/equipo de porristas
chemistry	química
chewing gum	chicle; goma de mascar
chicken pox	varicela
chicken scratch	mala letra; garabatos
chief financial officer	director/jefe de finanzas
chief high school improvement officer	director/jefe de mejoramiento de escuelas preparatorias
child abuse	abuso infantil/de menores
child development program	programa de desarrollo infantil
Child Health and Disability Prevention (CHDP) Program	Programa de Salud Infantil y Prevención de Discapacidades
child labor	trabajo infantil
child molester	pederasta; violador de menores

child neglect	abandono infantil
child support	manutención infantil
child trafficking	trata de menores
child welfare	bienestar de menores/infantil
child-bearing age	edad reproductiva; fértil; fecunda (ej.: estar en edad fecunda)
childcare	guardería infantil; cuidado de niños
childcare activity assistant	asistente de actividades de guardería
childcare affidavit	declaración escrita de guardería infantil
childcare center	centro de guardería infantil
childproof	a prueba de niños
children	niños
children's center	centro infantil
chip on the shoulder, to have a	estar acomplejado; ser un resentido
chlorine	cloro
choice	opción; decisión; elección; alternativa
chores	quehaceres
Christmas	Navidad
chronic absenteeism	ausentismo crónico
circle flow	flujo en círculo
circle the correct answer	señale/indique/marque la respuesta correcta con un círculo; dibuje un círculo alrededor de la respuesta correcta
cisgender	cisgénero
citizen complaint	denuncia ciudadana
citizenship (grade)	(calificación en) conducta
city attorney	fiscal de la ciudad
city council	concejo (de la ciudad); ayuntamiento
city hall	ayuntamiento
civics	civismo
civil rights	derechos civiles
civil service	función pública
clarify	aclarar; clarificar
class of (year)	generación del (año)
class size	tamaño de las clases; número de alumnos por maestro
classified employee	empleado clasificado; empleado sin cargo docente
classmate	condiscípulo; compañero de clases
classroom	salón de clases; aula
cleaning wipes	toallitas (húmedas) para limpiar
cleanliness	higiene; limpieza; aseo
clear	aclarar; aprobar; permitir; completar; borrar; eliminar; (an absence) verificar/reponer una ausencia; (a teaching credential) finalizar una acreditación de maestro

clearance	aprobación; comprobante (ej.: comprobante de estar libre de TB)
clearinghouse	oficina de compensación
cleft lip	labio leporino (medlineplus.gov)
cleft palate	paladar hendido (medlineplus.gov)
clerical assistant	asistente oficinista
clerical staff	personal oficinista; personal de oficina
clerk	oficinista; empleado de oficina
clever	astuto; listo; abusado (Mex.)
click (v.)	(computer) hacer clic; pulsar
clipboard	tabla con clip
clique	camarilla
clock in/out	marcar tarjeta
close collaboration	colaboración cercana; estrecha colaboración
closing	(of a meeting) cierre; clausura; conclusión
closing remarks	comentarios/palabras de clausura
clothes rack	perchero
cloze test	prueba donde se responde llenando los espacios en blanco con una palabra
clue	clave; pista; indicación
cluster	agrupación; agrupación de escuelas
coach (n.)	entrenador; director técnico
coach (v.)	entrenar; preparar; adiestrar; capacitar
Coast Guard	Guardia Costera
cochlear	coclear
code	código; clave
code of ethics	código deontológico; código de ética
code switching	alternar el uso de dos idiomas o más
coding	codificar
coed	mixto; que incluye/acepta a hombres y mujeres
coerce	forzar; obligar; coaccionar
coffers	fondos; tesoros; arcas de fondos
cogency	coherencia; fuerza convincente
cognate	cognado
cognition	cognición
cognitive	cognoscitivo
cognitive ability	habilidad cognoscitiva; pruebas de habilidad y percepción
cognitive domain	área cognoscitiva; área del conocimiento humano en la percepción
cognizant, to be	estar consciente; estar al tanto; percatarse
cohort	cohorte
collaborate	colaborar
collaboration	colaboración
collaborative (adj.)	colaborativo; de colaboración; cooperativo
collaborative (n.)	colaborativo; grupo colaborativo

collage	collage (voz francesa)
collective bargaining agreement	contrato de negociación colectiva
collective bargaining unit	grupo/unidad de negociación colectiva
college & career ready guide	guía de preparación universitaria y profesional
college admission	admisión a la universidad
college degree	licenciatura; título universitario
College, Career and Technical Education	Educación Universitaria, Profesional y Técnica
College: Making It Happen	La Universidad: Cómo Hacerla Realidad
collegiate	universitario
cologne	loción
colon	(punctuation) dos puntos
color guard	escolta de la bandera
colored pencils	lápices de color
come out of the closet, to	salir del clóset
comfort (n.)	comodidad; confort
comfort (v.)	consolar
comfort zone	zona de confort
comfortable	cómodo; a gusto
comma	coma
commencement ceremony	ceremonia de graduación
commensurate	conmensurable; comparable; proporcional; relacionado
commingle	mezclar; combinar
commitment	compromiso
committee	comité
commodities	materias primas
Common Core State Standards (CCSS)	Estándares Estatales Académicos Comunes (ed.gov); Estándares Estatales Básicos Comunes (cde.ca.gov); Estándares Académicos Fundamentales (corestandards.org); Estándares Estatales Comunes (sdcoe.net); Estándares Estatales de Tronco Común
common ground	puntos/intereses en común
common noun	nombre/sustantivo común
communicable disease	enfermedad contagiosa
communication	comunicación
communicative competence	capacidad comunicativa; competencia comunicativa

Community Advisory Board	Mesa Asesora Comunitaria
community building	forjar lazos comunitarios; evento comunitario; promoción de la comunidad
community college	universidad comunitaria
community outreach	divulgación comunitaria; alcance comunitario
community resource liaison	enlace de recursos comunitarios
community services officer (CSO)	oficial de servicio para la comunidad
Community-Based English Tutoring (CBET)	Enseñanza Individualizada del Inglés con Instructores Comunitarios (cde.ca.gov)
Community-Based School Reform Model	Modelo de Reforma Escolar con Base en la Comunidad
commute (n.) commute (v.)	viaje/traslado (al trabajo/a la escuela); la manejada ir/viajar/trasladarse (al trabajo/a la escuela)
commuter school	(K-12) escuela que no ofrece transporte; (college) universidad sin vivienda/alojamiento estudiantil
compact	(agreement) contrato; pacto; acuerdo; convenio
companion courses	cursos de acompañamiento
compare	comparar; cotejar
compare and contrast	comparar y contrastar
compartmentalize	compartimentar
compartmentalized	compartimentado
compass	(drawing/measuring circles) compás; (navigation) brújula
compassionate	compasivo; misericordioso; bondadoso; caritativo
compelling	convincente; persuasivo; cautivador; interesante
compensation	compensación; remuneración
compensatory education	educación compensatoria
competency	competencia; capacidad; conocimiento; suficiencia; aptitud
competency test	prueba de capacidad
competent	competente; capaz; hábil; apto
competition	competencia; concurso
complacency	complacencia; confianza; satisfacción
completion	finalización; terminación
complex	(difficult) complicado; complejo
compliance	cumplimiento; conformidad; acatamiento
compliment (n.) compliment (v.)	elogio; halago; cumplido; felicitación; gentileza; piropo elogiar; halagar; felicitar; echarle flores a alguien
composite	compuesto; (mate.) número divisible; no primo
composite score	calificación combinada

compost (n.)	abono; compostaje
compost (v.)	hacer abono
compound word	palabra compuesta
comprehend	comprender; entender
comprehension	comprensión
comprehensive	integral; completo; extenso; detallado; de gran amplitud; de gran alcance
comprehensive high school	escuela preparatoria integral
comprehensiveness	amplitud
comprise	consistir de; componerse de; incluir
comptroller	interventor
compulsory	obligatoria
computational	computacional
compute	computar; calcular; contar; hacer cuentas
computer cart	carro para computadoras
computer design	diseño por computadora
computer literacy	conocimientos de computación/informática
computer science	informática
computer skills	destrezas de computadoras
computer technology	tecnología informática
concealed weapon	arma oculta
conceited	engreído; presuntuoso; creído; presumido
concept	concepto
conceptual understanding	comprensión conceptual
conceptualize	conceptuar; conceptualizar; crear un concepto
concern	inquietud; preocupación; pormenor; problema
concerned	preocupado; inquieto; angustiado
concession stand	puesto de comida
concluding remarks	palabras finales
conclusive	concluyente; final
concur	concurrir; coincidir; estar de acuerdo
concurrent	concurrente; simultáneo; coincidente
conditioning	acondicionamiento
condom	condón
conducive to	conducente a; propicio para
conference	conferencia; asamblea; convención; junta; reunión
confidence	confianza; seguridad
confident	seguro; confiado; lleno de confianza
confidential	confidencial
confidentiality	confidencialidad
conflicted	en conflicto; con sentimientos encontrados; indeciso
confrontational	polémico; hostil; desafiante; confrontante
confuse	confundir

confused	confundido
confusing	confuso
congressional hearing	audiencia legislativa
congressional medal of honor	medalla de honor del congreso
congressman/woman	diputado/a; congresista; miembro del congreso
conjunction	conjunción
consciously	conscientemente; con conocimiento; a sabiendas
consensus	consenso; opinión colectiva
consent	consentimiento; autorización; permiso
consequence	consecuencia
conservator	curador
conservatorship (of a minor)	curaduría
consistent with…	de acuerdo con…
consolidated program services	servicios de programas consolidados
consonant	consonante
consortium	consorcio
constituency groups	grupos electorales; grupos con un interés específico
constituents	electores; constituyentes; representados
constraints	limitaciones; restricciones
construction paper	cartulina
constructive criticism	crítica constructiva
consult	consultar
consultant	consultor; asesor; especialista
consulting company	compañía de consultoría
contact person	persona de contacto
container	recipiente; envase; contenedor
content area	contenido temático
content standards	estándares de contenido académico
contested election	elección impugnada
contingency	contingencia
continuation school	escuela de continuación
continued (cont.)	(end of previous section) continúa; (beginning of next section) continuación
continuing education	educación continua; educación para adultos
continuity student	alumno de continuidad
continuum	secuencia continua
contraceptive	anticonceptivo
controversial	controversial; polémico; controvertido; disputable; discutible
convene	convocar; reunir; juntar

convergent thinking	pensamiento convergente
convey a message	expresar/verbalizar/transmitir un mensaje
convict (n.)	convicto; presidiario
convict (v.)	condenar; declarar/hallar culpable; juzgar
cool	genial; divertido; suave (that's a cool song = esa canción está suave)
cool school	escuela genial/divertida
cooperative	cooperativo; que coopera; (joint venture) cooperativa
coordinator	coordinador
copay	copago
coping skills	destrezas para enfrentar dificultades
coping strategies	estrategias de afrontamiento
copy editing	corregir; editar
copy paper	papel para copias
copyright (n.)	derechos de autor
copyright (v.)	registrar los derechos de autor
core	centro; núcleo; corazón; meollo; esencia; básico; central; requerido; obligatorio
core classes/subjects	clases/materias esenciales/básicas/requeridas/obligatorias
core curriculum	currículo esencial/básico
core teacher	maestro de materias básicas
cornerstone	la piedra angular; la base; lo esencial; la clave; los fundamentos
corps	cuerpo; conjunto/grupo de personas
corrective action	acción correctiva; medidas de rectificación
cost of living	costo de la vida
cost sheet	hoja de costos
cost, at all	a toda costa
cost-benefit analysis	análisis de costo-beneficio
council	consejo; concilio; comité consultivo; (town council) concejo
councilman	concejal
councilwoman	concejala
counsel (n.)	abogado; consejo; consultor
counsel (v.)	aconsejar; asesorar; orientar
counseling office	"consejería"; oficina de orientación
counselor	consejero; asesor; orientador; abogado
count back	contar hacia atrás
count on	contar hacia delante
countdown	cuenta regresiva
counterpart	homólogo; equivalente
counterproductive	contraproducente
County Board of Education	Mesa Directiva de Educación del Condado
county clerk	secretario del condado

County Office of Education	Oficina de Educación del Condado
county superintendent of public instruction	superintendente de educación pública del condado
couple	par; pareja
courage	valor; valentía
course offerings	ofrecimientos de cursos
course overview	panorama/visión general del curso
course-alikes	cursos parecidos
coursework	trabajo de curso
court appearance	comparecencia ante un tribunal
court school	escuela de tribunales
coverage	cobertura
coversheet	primera página; hoja de portada
crack down	tomar medidas enérgicas/drásticas/severas contra; ser más estrictos con; eliminar; suprimir; detener
cradle to career pipeline	ruta de la cuna a una carrera
crapshoot	arriesgue
crash a class	ingresar a una clase con cupo limitado
crash course	curso intensivo
crawl	arrastrarse; (baby) gatear
create	crear; construir; generar; formar; hacer; formular
creative arts	artes creativas
credential	acreditación; título; credencial; licencia
credit	crédito; unidad
credit rating	calificación crediticia
credit recovery	recuperación de créditos
creed	creencias
criminal justice	derecho penal
criterion	criterio, norma; estándar
criterion and norm-referenced tests	pruebas con base en criterios y normas
criterion statement	declaración de criterios
critical thinking	razonamiento/pensamiento crítico
criticality	criticidad
cross country running	correr a campo traviesa
cross-age tutoring	tutoría de edades opuestas/de alumnos mayores/de grados escolares superiores
cross-cultural	intercultural
cross-curricular	inter curricular; multidisciplinario
crosshatching	sombreado a rayas
crossroads	encrucijada

crossword puzzle	crucigrama
crotch	entrepierna; ingle
crush, to have a	estar enamorado de; estar clavado con; estar loco por
crybaby	chillón; llorón
C-section	cesárea
cubit	codo
cue	indicación; señal
cue card	tarjeta auxiliar
cultural proficiency	pericia cultural
culture	cultura; cultivo
culture shock	choque cultural
cumulative folder	expediente acumulativo
cupcake	pastelito (con envoltura de papel)
curiosity	curiosidad
curious	curioso; intrigado; interesado
current	actual; presente; de actualidad
current events	temas/eventos actuales
currently	actualmente; en estos momentos
curriculum	currículo; plan de estudios
curve	"la curva"; (to grade on a...) calificar en una curva
custodial parent	padre con custodia
custodial services	servicios de mantenimiento; servicios de conserjería
custodian	(maintenance) conserje; encargado del mantenimiento; cuidador
customize	personalizar; individualizar; hacer a la medida
cut and paste	cortar y pegar
cut in line	colarse en la fila/línea/cola; meterse sin esperar su turno; meterse fuera de turno
cyber bullying	ciberacoso; *bullying* cibernético; hostigamiento electrónico

D

dairy	lácteo(s)
dairy-free	sin lactosa; libre de lactosa
dais	estrado; tarima
dash	(punctuation) guion; raya
dashboard	(computer) cuadro de control; panel de información (microsoft.com); (of a car) tablero
data points	puntos de datos
data processing	procesamiento de datos
data sheet	hoja de datos
data-based research	investigaciones con base en datos
data-driven	determinado/dirigido por datos; basado en los datos
data-informed	informado por datos
date completed	fecha en que se completó; fecha de finalización
date of birth	fecha de nacimiento
date rape	violación durante una cita
dating	salir/andar con alguien; ser/andar de novios
dating abuse/violence	abuso/violencia entre novios/parejas
daunting	desalentador; abrumador; amenazante; intimidante; desmoralizador; abrumante
day (n.)	día
day (adj.)	diurno
day labor	jornada
day laborer	jornalero
day school	escuela diurna
daycare	guardería infantil; cuidado infantil
daycare provider	proveedor de cuidado infantil
daylight savings time	horario de verano; cambio de hora oficial
deadline	fecha límite; plazo
deaf and hard of hearing	sordo e hipoacúsico (nad.org); sordera y con dificultades auditivas
deal breaker	motivo para no continuar; causa de ruptura; factor determinante; condición clave; obstáculo decisivo
dean	decano
debate (n.)	debate
debate (v.)	debatir; discutir; deliberar
debrief	comentarios finales; análisis; informe
December	diciembre
decide	decidir

decile	decil
decile ranking	clasificación por deciles
decision-making	toma de decisiones
declare a major	declarar/elegir una especialización
decline	(refuse) rehusar; rechazar; negarse; (decrease) disminuir; bajar; empeorar; reducir; decaer; descender; declive
decode	descodificar; descifrar
decrease (n.)	disminución; reducción; rebaja
decrease (v.)	disminuir; reducir; bajar
deed	(property) escrituras
deep	profundo; intenso; bajo
default	incumplimiento (de pago); no pagar
default settings	configuración original
default, by	por defecto; por omisión
defendant	acusado; demandado
defensiveness	actitud/reacción defensiva; estar a la defensiva
deferral	aplazamiento
defiance	desafío
defiant	desafiante
defibrillator	desfibrilador
deficiency	deficiencia; carencia
deficit	déficit
degree	licenciatura; título universitario
delay	demora (speech delay = demora en el habla)
delete	eliminar
delinquency	delincuencia
delinquent	delincuente
demonstration classrooms	salones de muestra
demonstration project	proyecto ejemplar; proyecto de muestra
denial	negación; rechazo
dental floss	hilo dental
deodorant	desodorante
department chair	presidente de departamento
dependent child	hijo a su cargo; *hijo dependiente*
deployment	(military) despliegue militar
depressed	deprimido
depression	depresión
deprive	privar
depth of knowledge	profundidad de conocimientos
Deputy Attorney General of U.S.	Secretario de Justicia Adjunto de EE.UU. (justice.gov/spanish)
deputy chairperson	presidente adjunto

deputy superintendent	superintendente adjunto
derogatory	despectivo; peyorativo
descendant	descendiente
descriptor	descriptor
desegregation	desegregación; abolición/eliminación de la segregación
design principles	principios de diseño
design task force	grupo de diseño
designated	designado
designee	persona designada
desk	escritorio
desktop computer	computadora de escritorio/mesa
desktop of a computer	escritorio de la computadora
detect	detectar; descubrir; percibir; notar
detention	detención
develop	desarrollar; elaborar; crear; construir; generar; formular; cultivar
developer	(real estate) promotor inmobiliario; (software) desarrollador de software
developing child	niño en desarrollo
development	desarrollo
developmental delay	retraso en el desarrollo
developmental milestones	etapas/hitos del desarrollo
deviant	desorientado; delincuente
device	dispositivo; aparato
devise	idear; inventar; concebir; ingeniar; planear; crear; desarrollar
diachronic linguistics	lingüística diacrónica
diagnosis	diagnostico
diagnostic assessment	evaluación diagnóstica
diagnostic profile	perfil diagnóstico
diagnostic test	prueba diagnóstica
diagram	diagrama; esquema
dialog	diálogo
diary	diario
dictate	dictar; ordenar; dirigir; definir
dictionary	diccionario
Dietary Guidelines for Americans	Pautas Alimentarias para Estadounidenses (health.gov)
differential staffing	dotación diferencial de personal
differentiation	diferenciación

digital badge	insignia digital
digraph	dígrafo
digress	salirse del tema
diligence	diligencia; esmero; afán
diphtheria	difteria
disability	discapacidad; con capacidades diferentes
disadvantaged	con desventajas; desfavorecido; desventajado
disaggregate	desagregar; desglosar
disagree	estar en desacuerdo; no estar de acuerdo; diferir; divergir
disagreement	desacuerdo; discusión; altercado
disappointed	decepcionado; desilusionado
disaster plan	plan en caso de desastre
disband	disolver; separar; deshacer
disbursement	desembolso
discharge summary	informe de alta
discipline policy	política de disciplina
disclaimer	exención de responsabilidad
disclose	divulgar; revelar
discomfort	incomodidad; malestar
discrepancy	discrepancia
discretionary funds	fondos discrecionales
discuss	dialogar; debatir; hablar de/sobre; discutir; tratar un tema; comentar
discussion	diálogo; debate; deliberación; discusión; análisis; plática; conversación
disenrollment	darse de baja; cancelar su inscripción
disfluency	problemas de fluidez
disgruntled	descontento; disgustado; insatisfecho; contrariado
disinfect	desinfectar
disinfectant	desinfectante
dislike	no gustar; desagradar; fastidiar; aversión; antipatía
dismissal	despido; ser sacado/echado/eliminado/ignorado/rechazado; (time) hora de salida
disorder	trastorno
disparity	disparidad; desigualdad
dispatch	enviar; despachar
dispensary	dispensario
displacement	desplazamiento
display board	tablero de exhibición
disregard	ignorar; despreciar; prescindir de; no tomar en cuenta
disregard the letter	haga caso omiso de la carta
disrespect (n.)	falta de respeto; irrespeto; insolencia; irreverencia
disrespect (v.)	faltar al respeto; irrespetar
disrespectful	irrespetuoso
disruption	interrupción; perturbación

disruptive	que interrumpe; perturbador; perjudicial; negativo; de mal comportamiento; conflictivo
dissension	disensión
distracting	que distraiga; que distrae
distribute	distribuir; repartir; pasar
distributee	adjudicatario; heredero; persona que recibe una distribución
District Advisory Council (DAC)	Consejo Asesor del Distrito
district attorney	fiscal del distrito
district counselor	consejero del distrito
District English Learner Advisory Committee (DELAC)	Comité Asesor del Distrito para Aprendientes de Inglés
district superintendent	superintendente del distrito
disturbance	disturbio; perturbación; altercado; trastorno
disturbed (emotionally)	con trastornos emocionales
division	división
do well	hacer un buen trabajo; irle bien a alguien; tener éxito; prosperar; triunfar
doctor appointment	cita con el médico/doctor
document camera	cámara de documentos
do-it-yourself	hágalo usted mismo
domain	dominio; campo; ámbito; esfera; (Internet) dominio
domestic partner	pareja de hecho/sentimental
domestic violence	violencia doméstica
dominance	(left/right brain) dominancia
donation	donación; donativo
donor	donante; contribuyente; patrocinador
doodle (n.)	garabato
doodle (v.)	garabatear; hacer garabatos
dormitory (dorm)	dormitorio
double (v.)	aumentar el doble; duplicar
double-entry journal	diario con doble espacio para escribir
downgrade	bajar de categoría; degradar
download	bajar; descargar
draft (n.)	borrador; anteproyecto; (military) llamada a filas/al servicio militar
draft (v.)	redactar/preparar un borrador; (military) reclutar; llamar a filas/al servicio militar
drag and drop	(computer) arrastrar y colocar; (computer editing) edición por arrastre y colocación
drama	drama; (class) teatro

dress code	código de vestimenta
dress rehearsal	ensayo con vestuario
drill	simulacro; ejercicio de repetición
drill press	taladradora hidráulica
drill team	escuadra de baile sincronizado
drinking fountain	bebedero
drive	(motivation) motivación; deseo; impulso; energía
driving directions	indicaciones para llegar por auto
drone	*dron*; avión no tripulado
drop off (n.)	(área) bajada; zona de desembarque
drop off (v.)	desembarcar; dejar/llevar a alguien; entregar
drop-down menu	menú desplegable
dropout	desertor escolar; estudiante que abandona sus estudios/la escuela
Dropout Prevention and Recovery	Prevención y Recuperación de Desertores Escolares
drug abuse	abuso de drogas
drug addict	drogadicto
drug dealer	vendedor/traficante de drogas
drug dealing	narcomenudeo
drug dependency	farmacodependencia; drogadicción
drug trafficking	tráfico de drogas
drugged driving	conducir bajo la influencia de las drogas
drug-sniffing dog	perro detector de drogas
drum line	banda de percusiones
drunk	borracho; embriagado; ebrio
drunk driver	conductor ebrio
drunk driving	conducir en estado de ebriedad
dry-erase board	pizarrón de borrado en seco
dry-erase marker	plumón para pizarrón; marcador de borrado en seco
Dual Language Immersion	Inmersión en Idioma Dual
duck, cover and hold	agacharse; cubrirse y agarrarse (shakeout.org)
duct tape	cinta sella ductos
due date	fecha límite; fecha de vencimiento; vencimiento de pago
due diligence	diligencia debida
due process	debido proceso
duty	deber; obligación; labor; función; trabajo; responsabilidad
dwelling	vivienda
dyad	díada; pareja
dysfunctional	disfuncional
dyslexia	dislexia
dysphasia	disfasia

E

eager	ansioso; impaciente; entusiasmado; entusiasta
Early Advanced	Preavanzado
early childhood education	educación para la primera infancia
Early College High School Program	Programa de Cursos Universitarios dentro de la Preparatoria
Early Intermediate	Preintermedio
early learner	aprendiente inicial
early learning	aprendizaje inicial/temprano
early out	salida temprana
early retirement	jubilación anticipada; retiro anticipado
early warning	alerta/advertencia temprana
earmark	destinar; consignar
earnings	ingresos; salarios; sueldos
Earth Science	Ciencias de la Tierra
easy-going person	acomodadizo; tranquilo; despreocupado; fácil de tratar; relajado; sencillo
eating disorder	trastorno de la alimentación
Economic Impact Aid	Ayuda de Impacto Económico
economics	economía
editor	editor; redactor
educated guess	conjetura informada
education center	centro educativo; centro de educación
education code	código de educación
educational	educativo; académico; instructivo
educational background	antecedentes académicos
educational leave (of absence)	licencia por estudio
educational setting	entorno educativo
educationally deprived	educativamente desfavorecido; privado de educación
effective	efectivo
effectiveness	efectividad; eficacia
efficacy	eficacia
efficiency	eficiencia
efficient	(not wasteful) eficiente; (good results) eficaz
elaborate	explicar con más detalle/con más profundidad
elder abuse	abuso/maltrato de personas mayores

elected officials	funcionarios electos
elective subject	materia optativa
electoral college	colegio electoral
electrical tape	cinta de aislar
electrophoresis	electroforesis
elementary school	escuela primaria
elementary school assistant	asistente de escuela primaria
eligibility ranking	clasificación de elegibilidad
eligible	elegible; que reúne los requisitos para hacer/tener derecho a algo
ellipsis	puntos suspensivos
emancipated	emancipado
embarrassed	avergonzado; apenado; cohibido
embarrassing	vergonzoso; incómodo
embedded	incrustado; inmerso; firmemente arraigado
embrace	abrazar; valorar; apreciar; aprovechar; abarcar; aceptar profundamente; adoptar; confirmar; sumergirse en
emergency contact	contacto en caso de emergencia
emergency preparedness plan	plan de preparación para emergencias
emergency response team	equipo de respuesta a emergencias
emergent	emergente
Emerging (level)	(nivel) Emergente
emogi	émoji
emoticon	emoticón
emotional well-being	bienestar emocional
emotionally disturbed	con trastornos emocionales
emotions	emociones
empathy	empatía
emphasize	enfatizar; recalcar
empirical	empírico
employer outreach	divulgación con empleadores
empower	fortalecer; empoderar; dar poder; facultar; capacitar; permitir; autorizar
empowerment	fortalecimiento; empoderamiento
enable	permitir; autorizar; hacer posible; habilitar; facilitar; (a vice) ser cómplice en/facilitar la conducta perjudicial
enact	promulgar; poner en vigor; ejecutar; establecer
enclose a document	anexar un documento
enclosure	adjunto; anexo
encompass	abarcar; incluir

encourage	animar; motivar; alentar; fomentar
encouragement	ánimo; aliento; estímulo
encumber	estorbar; (finance) cargar; (taxes) gravar
encumbrance	cargo
end product	producto final
endeavor	esfuerzo; empeño; intento; proyecto
ending sound	sonido final
endow	dotar; donar
endowment	donación; legado
energetic	energético; activo; vigoroso
energize	energizar; vigorizar; estimular; impulsar
energizing	energizante; vigorizante; estimulante
energy efficiency	eficiencia energética
energy efficient	energéticamente eficiente; de bajo consumo
enforce	imponer; hacer cumplir; aplicar (ej.: aplicación de la ley)
enforcement	cumplimiento
engage	participar; conseguir la participación; cautivar; llamar; atraer; (a conversation) entablar; iniciar
engagement (family engagement)	interacción (familiar); participación (de la familia/familiar)
engaging	interesante; cautivador; atrayente; atractivo
English	inglés
English for Limited English Proficient	Inglés para Proficientes Limitados en el Inglés
English Language Arts	Disciplinas Lingüísticas del Inglés; Lengua y Literatura en Inglés (cde.ca.gov)
English proficient	proficiente en el inglés; con dominio del inglés
English-speakers	angloparlantes
enhance	mejorar; realzar; acentuar; enriquecer; aumentar
enjoyable	agradable
enrichment	enriquecimiento
enroll	inscribir; matricular; registrar
enrollment	inscripción; matrícula; número de inscriptos/inscripciones
Enrollment Options Office	Oficina de Opciones de Inscripción
enthusiastic	entusiasmado; emocionado; apasionado
entitled	con derecho a…; merecedor; consentido; creerse merecedor
entitlement	derecho; privilegio; beneficio; subvención
entitlement funds	fondos por derecho
entity	entidad; ente
entrance exam	examen de ingreso; examen de admisión
entrée	platillo principal
entrepreneur	empresario; emprendedor
entrepreneurship	iniciativa empresarial
envelope	sobre

envious	envidioso; celoso
environmental	ambiental
environmental print	palabras del entorno; palabras ambientales
envy	envidia
Epi pen	inyección de epinefrina
equal opportunities	oportunidades equitativas
equal opportunity employer	empleador que ofrece igualdad de oportunidades para todos
equality	igualdad
equation	ecuación
equitable	equitativo; justo
equities	acciones ordinarias; valores; títulos
equity	equidad; justicia; (real estate) patrimonio neto
equity in teaching and learning	equidad en la enseñanza y el aprendizaje
eraser	(on a pencil) goma de borrar; (for a board) borrador
ergonomics	ergonomía
errand	mandado; recado; encargo
escalation	intensificación; incremento; aumento
escrow	plica; depósito
establish	cimentar; establecer
estimate	calcular; hacer un presupuesto
estimated charges	cargos estimados; costos calculados
ethnic group	grupo étnico
ethnicity	etnicidad; origen étnico
etiology	etiología
evaluate	evaluar
even number	número par
event schedule	horario de eventos
evict someone, to	desalojar a alguien; desahuciar a alguien; echar a alguien
evicted	desalojado
evidence	evidencia; pruebas
ex officio member	miembro ex oficio; miembro de oficio; miembro por virtud de su cargo
example	ejemplo; muestra; modelo
excellent	excelente
exceptional	excepcional; extraordinario
excerpt	fragmento; extracto; pasaje; cita
excessed teacher	maestro eliminado
excessive display of affection	exhibición excesiva de afecto
exchanger	intercambiador
excited	emocionado; entusiasmado; alborotado; (sexual) excitado
exclamation point	signo de exclamación; signo de admiración

excuse (n.)	excusa; pretexto; justificación; razón; disculpa
excuse (v.)	disculpar; perdonar; (exempt) eximir; (justify) justificar
excused absence	ausencia justificada
Executive Branch (of government)	Poder Ejecutivo
exempt (n.)	exento
exempt (v.)	eximir
exemption	exención
exhibit	exhibición; exposición
exigent	exigente
exile (n.)	(person) exiliado; (state of) exilio
exile (v.)	exiliar
exit exam	examen de egreso; examen de salida
expand	expandir; ampliar; ensanchar
Expanding (level)	(nivel) Ampliado
expect	esperar; anticipar; contar con
expectant mother	futura madre
expectant teen	adolescente embarazada
expectation	expectativa
expectations, behind	por debajo de lo previsto; menos de lo esperado/anticipado
expedite	acelerar; agilizar
expediter	facilitador de compras
expel	expulsar
expelled	expulsado
expenditure	gasto; desembolso
expense	gasto; desembolso
experience	experiencia; (experience-based) basado en la experiencia
experiential	experiencial; vivencial; empírico
expertise	pericia
explain	explicar
explanatory	explicativo
expository	expositivo
expulsion	expulsión
expunge	borrar; eliminar
extended day program	programa de día extendido
extended family	parientes; familia extendida; familia ampliada
Extended Learning Opportunities	Oportunidades de Aprendizaje Extendido
extent of the law	en la medida en que lo disponga la ley; el peso de la ley
external funding	financiación externa; fondos externos
extra credit	crédito adicional/extra
eye contact	contacto visual; verse a los ojos
eyeglasses	lentes; anteojos

F

face painting	pintar dibujos en el rostro; pintar caras
facilitator	facilitador
Facilities Management	Administración de Instalaciones
facility	instalación; establecimiento
fact sheet	hoja informativa; hoja de datos; ficha técnica
fact-finding	descubrimiento de hechos
facts	hechos; datos; información; (math) operaciones matemáticas
factual	factual; basado en los hechos
faculty	profesorado; personal/cuerpo docente
fail	fallar; fracasar; no cumplir; (not pass) reprobar
fail/pass	reprobar/pasar
failing grade	calificación reprobatoria; mala calificación
failure to do so…	de lo contrario…; el incumplimiento…
fair	justo; equitativo; imparcial; (rating) aceptable; regular; (event) feria; kermés
Fair Labor Standards Act	Ley de Normas Justas de Trabajo (dol.gov)
fair play	juego limpio
fair trade	comercio justo
fairness	imparcialidad; justicia; de manera justa; ser justo
fairytale	cuento de hadas
faith-based organization	organización religiosa/de base religiosa/de fe común
fake	falso; fingido; de mentiras; imitación
false cognates	falsos cognados
family engagement network	red de interacción familiar
Far Below Basic	Muy por Debajo del (nivel) Básico
farmers' market	mercado sobre ruedas; mercado ambulante
far-sighted	hipermétrope; que ve mal de lejos
fast food restaurant	restaurante de comida rápida
Fast Track Program	Programa de Graduación Anticipada
fat-free milk	leche descremada/sin grasa
fathom	comprender; entender; (measure of depth) braza
fear (n.)	temor; miedo
fear (v.)	temer; tener miedo
feasibility	viabilidad; posibilidad de llevar a cabo algo; (… study) estudio de factibilidad
feasible	factible; viable; realizable; asequible; posible
February	febrero

Federal Accountability Targets	Metas Federales de Responsabilidad
Federal Impact Survey	Encuesta Federal de Impacto
Federal Register	Registro Federal
fee	cuota; tarifa; honorario; precio
feed	(data) transmisión
feedback	comentarios; reacciones; retroalimentación
feedback loop	ciclo de reacciones
feeder pattern	patrón remitente; patrón de escuelas remitentes
feeder school	escuela remitente
feelings	sentimientos
fellow	(individual) tipo; sujeto; (peer) compañero; colega; socio; semejante; prójimo; amigo; cuate; (member) miembro
fellowship	(friendship) compañerismo; hermandad; (educ.) beca (de investigación/para practicante); fundación
felony	delito mayor
feminine pad	toalla femenina
fence	cerca
fencing	construcción de cercas; (sport) esgrima
Fernald Approach	Técnica de Fernald
fidget, to	moverse nerviosamente; estar inquieto; no poder quedarse quieto
field	(agriculture) campo; (sports) cancha; jardín; (work) ámbito/campo
field day	día al aire libre
field experience	experiencia práctica
field test	prueba de campo
field trip	excursión escolar
fight or flight	lucha o fuga
figuratively	figuradamente
figure out	averiguar; resolver; solucionar; descubrir; descifrar; entender; comprender
file (n.)	archivo; expediente; (folder) carpeta
file (v.)	archivar; presentar/registrar (un documento)
fill a gap	llenar una carencia
fill a position	cubrir/ocupar/tomar/asumir un puesto
filling	(tooth) empaste
final exam	examen final
finals	(exams) exámenes finales; (sports) las finales
financial aid	ayuda financiera/económica
financial literacy	conocimientos financieros
financial outlook	panorama financiero/económico
financials	estados financieros
financing	financiamiento; financiación; patrocinio
findings	resultados; conclusiones; hallazgos; descubrimientos

findings	hallazgos; descubrimientos; conclusiones; resultados
fine	(penalty) multa
fine arts	bellas artes
fine motor skills	habilidades de motricidad fina; habilidades motoras finas
fine tuner	afinador
finger play	juegos con los dedos
fire alarm	alarma de/contra incendios
fire drill	simulacro de incendio
fire extinguisher	extintor/extinguidor (de incendios)
fire hydrant	toma de agua de bomberos
fire marshal	oficial de incendios (de una escuela); inspector del departamento de bomberos
fire someone, to	despedir a alguien
fire sprinklers	rociadores contra incendios
fired	despedido
firing	despido
first aid	primeros auxilios
first come, first serve	en el/por orden de llegada; en el orden que se reciben; en orden
first day of school, the	el primer día de clases
first language	primer idioma
first language interference	interferencia del primer idioma
first name	nombre
first responders	socorristas; personal de respuesta inicial
first-born child	primogénito; hijo mayor
fiscal year	año fiscal
fit for something	apto/listo/adecuado/apropiado para algo
fixture	elemento/mueble/artículo fijo; persona habitual/constante/fija
flag at half staff	bandera a media asta
flagpole	asta (de bandera)
flash cards	tarjetas de repaso; tarjetas para memorizar
flash drive	memoria *flash*/USB
flash mob	multitud instantánea
flashback	recuerdo repentino
flask	(laboratory) matraz
flexible schedule	horario flexible
flipbook	folioscopio
flipchart	rotafolio; papelógrafo
flirt (n.)	coqueto
flirt (v.)	coquetear; ligar; echarle los perros a alguien
floor	piso
floor tile	baldosa; losa

floss (n.)	hilo dental
floss (v.)	usar hilo dental; limpiarse con hilo dental
flourish	prosperar; crecer
flowchart	organigrama
flu	influenza; gripa/gripe
fluency	fluidez
fluent	con fluidez
Fluent English Proficient (FEP)	Proficiente Fluido en el Inglés; Con Dominio Fluido del Inglés
flyer	volante; anuncio; aviso
focus group	entrevista en grupo; grupo focal/de enfoque
focus schools	escuelas de énfasis
folate	ácido fólico
folder	fólder; carpeta
folding	plegable (folding chair = silla plegable)
follow directions, to	seguir las instrucciones
follow return sweep	seguir el regreso en la lectura
follow-up	seguimiento; continuación
follow-up appointment	cita de seguimiento; (medical) visita/consulta de control
food allergies	alergias a alimentos
food bank	banco de alimentos
food coloring	colorante para alimentos
food drive	campaña de recolección de alimentos
food pyramid	pirámide de nutrición
food safety	seguridad alimenticia
food services	servicios alimenticios
food stamp	vale de comida
footnote	nota a pie de página
footwear	calzado
for instance	por ejemplo
for profit	con fines de lucro; con ánimo de lucro
foreclosure	ejecución hipotecaria
foreign exchange student	estudiante extranjero de intercambio
foreign language	idioma extranjero; lengua extranjera
forensic evidence	evidencia forense
forensics	ciencia forense
forerunner	precursor
foreword	prólogo; introducción
forfeit the game	ceder el juego
forgive	perdonar
forgiveness	perdón; clemencia
format	formato
formative evaluation	evaluación formativa
fortuitous	fortuito

forward a message	reenviar/remitir/retransmitir un mensaje
fossil fuel	combustible fósil
foster (v.)	fomentar
foster child	hijo de crianza/de cuidado temporal; hijo adoptivo temporal
foster family	familia de crianza/de cuidado temporal; familia adoptiva temporal
foster home	hogar de crianza/de cuidado temporal; hogar adoptivo temporal
foster parents	padres de crianza/de cuidado temporal; padres adoptivos temporales
fostering	acogedor
foundational skills	destrezas fundamentales
framework	estructura; marco conceptual; marco curricular; esquema
Franchise Tax Board	Junta de Impuestos de Franquicia
Francophone	francófono
fraternity	fraternidad
free will	libre albedrío
freelance work	trabajo autónomo/independiente
freewill offering	oferta voluntaria
French horn	cuerno francés
freshman	*freshman*; alumno de 9° grado; alumno del primer año de universidad; novato
Friday	viernes
friendly	(person) amigable; cordial; amable; (game) amistoso
front loading	explicación preliminar
frontrunner	favorito; líder; con mayor probabilidad de…
frustrated	frustrado
fulfill	cumplir (con…)
fulfilling	gratificante; satisfactorio; complaciente; provechoso; pleno
full credit	crédito completo
full range	gama completa
fully functional	plenamente funcional
fun run	carrera de diversión; carrera divertida
functioning	que funciona; funcional; vigente
fund (n.)	fondo; subsidio
fund (v.)	financiar; proveer fondos
fund standing	estado de los fondos
funded	financiado; patrocinado
funding level	nivel de financiamiento/financiación
funding source	fuente de financiamiento/financiación
fundraiser	recaudación de fondos
funny	chistoso; gracioso; cómico; divertido; (strange) raro
furlough	descanso obligatorio sin goce de sueldo
furnish	abastecer; aportar; suministrar; proporcionar; proveer; (with furniture) amueblar

furrow (a brow)	fruncir (el ceño)
fussy child	niño inquieto; molesto; irritable; agitado; exigente; caprichoso; quisquilloso
fussy eater	delicado para comer; ser caprichoso con la comida; tener un apetito caprichoso

G

gain	adelanto; logro; ganancia
game changer	revolucionario; innovador; elemento transformador; factor de cambio; un cambio; algo que cambia el juego
Game on! Good Attendance Means Everything	¡Tú Puedes! La Buena Asistencia lo es Todo
gang	pandilla
gap	brecha
garage sale	venta de garaje; venta de segunda
garden	jardín
gardening	jardinería
gateway	(computer) puerta de enlace
gauge	medir; calcular
gauze	gasa
gender	género
gender balance	paridad entre sexos
gender bias	prejuicio de género
gender binary	binarismo de género; binario de género
gender identity	identidad de género
general counsel	asesor jurídico
generate	producir; generar
genetically modified	transgénico
genome	genoma (human genome = genoma humano)
genre studies	estudio de géneros literarios
gentle	amable; gentil; dulce; sutil; ligero; suave
gently-used clothes	ropa usada en buenas condiciones; ropa poco usada
genus	género
geography	geografía
geometry	geometría
German measles	rubéola
gerrymandering	división/demarcación de territorios
gerund	gerundio
get high	drogarse
gift	regalo; obsequio; (talent) don
gifted	dotado; talentoso
Gifted and Talented Education (GATE)	Educación para Estudiantes Dotados y Talentosos
gifted child	niño dotado
giftedness	capacidad de ser dotado de inteligencia superior

give back to the community	contribuir/ayudar/apoyar/corresponder a la comunidad; hacer algo por la comunidad
glad	contento; alegre; satisfecho
glasses	(vision) lentes; anteojos
global village	pueblo mundial
global warming	calentamiento global
globalization	globalización
glossary	glosario
glossing	glosar; explicar; comentar
glue	pegamento
glue stick	lápiz adhesivo; pegamento en barra
gluten intolerant	intolerante al gluten
gluten-free	sin gluten; libre de gluten
go for it	inténtalo; hazlo; trátale; éntrale; échale ganas; atrévete; vas
goal	meta; objetivo; fin
gold rush	fiebre de oro
good	bueno; bien; buen
good job!	¡buen trabajo!; ¡bien hecho!; ¡muy bien!
good listener	oyente eficaz
good read, a	un buen libro
good standing, in	en buen estado; en regla; en conformidad; con buenos antecedentes; con buen historial; de buena reputación
gossip	chismes
governance	gobernación
Governance Team	Equipo Gubernativo
governing body	organismo gubernativo
Governor's Council on Physical Fitness and Sports	Consejo de Aptitud Física y Deportes del Gobernador
grace period	periodo de gracia
Grad Nite/Night	Noche de Graduación
grade (n.)	calificación; nota; (school year level) grado escolar
grade (v.)	calificar; (slope) aplanar
grade placement	asignación a un grado
grade point average (GPA)	promedio de calificaciones
grade span	gama de grados; gama de calificaciones
grading system	sistema de calificaciones
graduate (n.)	egresado; graduado
graduate (v.)	graduarse
graduate courses	cursos de posgrado
graduate school	escuela de posgrado
graduate student	estudiante de posgrado
graduation coaches	entrenadores para la graduación
graduation rate	índice de graduación

graffiti (n.)	grafiti
graffiti (v.)	"grafitear"
grammar	gramática
grant	subvención; subsidio; otorgamiento; beca
grant writing	redacción de propuestas para solicitar subvenciones
grantee	beneficiario; destinatario
graph	gráfica; tabla; esquema; diagrama
graph paper	papel cuadriculado
grapheme	grafema
graphic arts	artes gráficas
grasp	(figurative) captar; comprender; entender; alcanzar; controlar
grassroots approach	método comunitario/de base
grateful	agradecido
gratitude	gratitud; agradecimiento; aprecio
great pacific garbage patch	gran mancha de basura en el pacífico
Great Shakeout, The	El Gran Shakeout (www.shakeout.org)
greater than (>)	mayor que
greatness	grandeza; excelencia
Green Building Certification Institute	Instituto de Certificación de Edificios Ecológicos
green card	"tarjeta verde" (see: permanent resident card)
greenhouse gases	gases de efecto invernadero
grid	cuadrícula; red
grief	duelo; dolor; aflicción; pena
grip a pencil	detener un lápiz
grit	determinación; aguante; firmeza; resistencia; fuerza
groceries	la despensa; el mandado
groin	ingle
gross income	ingresos brutos
gross motor skills	habilidades de motricidad gruesa; habilidades motoras gruesas
ground rules	reglas básicas
groundbreaking (adj.)	innovador; revolucionario
ground-breaking (n.)	ceremonia del comienzo de la obra
grounds, school	terreno escolar; área de la escuela
group home	casa hogar
grouping	agrupar; agrupamiento
growth mindset	mentalidad de crecimiento
growth target	objetivo de mejora; objetivo de crecimiento
Guamanian	guameño
guardian	tutor (legal); persona que tiene custodia de un menor
guardianship (of a minor)	tutela

guidance aide	ayudante de orientación/asesoría/consejería
guidance and counseling program	programa de orientación/asesoría y consejería
guided reading	lectura guiada
guidelines	pautas; normas; guías; lineamientos; indicaciones
guiding	que guía; orientador; rector
guiding principles/laws	principios rectores; leyes que nos rigen
guiding question	pregunta orientadora
guilt	culpa; culpabilidad; responsabilidad; remordimiento
guilty	culpable; responsable
gum	chicle; goma de mascar
gun	pistola; arma de fuego
gun control	control de armas
gunman	persona armada

H

hack, to	piratear; *hackear*; infiltrar; modificar
hacking	piratería informática
half brother	medio hermano
hall	(corridor) pasillo; corredor; (large room) sala; salón; auditorio
hall monitor	supervisor del pasillo
hall of fame	salón de la fama
hall pass	permiso para salir del salón
hamlet	(small town) aldea
hand sanitizer	desinfectante para manos
handbook	manual; guía
handcuffs	esposas
hand-eye coordination	coordinación visuomanual
handful, to be a	ser tremendo; ser una lata; ser travieso; ser problemático
handicap	discapacidad; impedimento; desventaja; capacidad especial/diferente
handicapped	discapacitado; con impedimentos; con capacidades especiales/diferentes
handicrafts	artesanías
handle	tratar; arreglar; remediar; manejar; encargarse de; atender
hand-out	hoja informativa; suelta; volante; folleto; información
hands off	no tocar; no intervenir; no interferir
hands-on	práctico
handspan	(measure) un palmo
handwriting	caligrafía; escritura; letra; escritura a mano
handy	práctico; útil; a la mano; hábil
hang out, to	convivir; juntarse; reunirse; pasar el rato; salir juntos; ir a dar la vuelta
hangout	lugar favorito; lugar que uno frecuenta; lugar para reunirse/convivir
Hanukkah	Jánuca; Janucá; Januká; Hanukkah
haphazardly	descuidadamente; al azar; sin orden; al tanteo; al aventón
happy	feliz; contento; alegre; satisfecho
happy holidays	felices fiestas; felices días festivos
harassment	acoso; hostigamiento
hard copy	copia en papel; copia impresa; documento original
hard of hearing	hipoacúsico (nad.org)
hard skills	habilidades técnicas
hardback book	libro de pasta/tapa dura

hardcover book	libro de pasta/tapa dura
hardscape	construcción exterior decorativa; paisaje estructural
harmonizer	armonizador
hashtag	*hashtag*; numeral; etiqueta de almohadilla
have a voice at the table, to	tener una voz en los diálogos/en la mesa de negociaciones
have your child stop by the office	pídale a su hijo/a que pase a la oficina/dirección
hazing	novatadas; ritos de iniciación
head counselor	consejero titular/principal
head start	ventaja; comienzo adelantado
headache	dolor de cabeza
heading	encabezado; título; membrete; rubro
headlines	titulares
headphones	audífonos; auriculares
headwear	atuendo para la cabeza
health aide	ayudante de enfermería
health care	cuidado de salud (healthcare.gov); cuidado de la salud
health care provider	proveedor de atención médica (healthcare.gov); proveedor de cuidado de la salud
health coverage	cobertura de salud (healthcare.gov)
health education	educación sobre la salud
health fee	tarifa/cuota de salud
health insurance marketplace	mercado de seguros médicos (healthcare.gov)
health services	servicios de salud
health technician	técnico de enfermería
hearing	(listening) audición; oído; escuchar; (proceeding) audiencia; vista
hearing aide	aparato auditivo
hearing impaired	con impedimentos auditivos
hearing problems	problemas auditivos
hearsay	rumor; testimonio de oídas; evidencia por referencia; prueba por referencia
heart disease	enfermedad del corazón
heelys	(skate shoes) *heelys;* zapatos patines
height	estatura; altura
helper	ayudante; asistente
helpful	servicial; útil; atento; provechoso
hereby	por la presente
heritage	patrimonio; herencia; tradición; orígenes; ascendencia
heritage language	idioma materno; lengua materna
hesitant	dudoso; indeciso; vacilante
hesitate	hesitar; dudar; vacilar; tener dudas
heterogeneous	heterogéneo

high achiever	alumno destacado
high blood pressure	presión arterial alta
high expectations	altas expectativas
high frequency words	palabras de uso frecuente
High Intensity Language Training (HILT)	Enseñanza de Alta Intensidad de la Lengua
high school	escuela preparatoria
High School Intervention Program	Programa de Intervención de las Escuelas Preparatorias
higher education	educación universitaria/superior
higher level (adj.)	de nivel más avanzado; de nivel superior
higher order thinking	razonamiento de orden superior
highlight (v.)	destacar; realzar; subrayar; marcar; recalcar; sacar a relucir
highlighter	marcador fluorescente
highlights (n.)	estelares; lo más destacado; lo mejor de; lo más memorable de; los mejores momentos
highly qualified	altamente calificado
hike	senderismo; caminar
hint (n.)	pista; consejo
hint (v.)	insinuar; dar a entender
hiring freeze	congelación de plazas/puestos
hispanophones	hispanohablantes; hispanoparlantes
hobby	afición; pasatiempo; *hobby*
hole puncher	perforadora (3 hole = 3 orificios)
holiday	día festivo
holistic	holístico; total
home	hogar; domicilio
home contact	contacto con el hogar
home economics	economía doméstica
home equity line of credit (HELOC)	préstamo sobre el valor líquido de la propiedad
home language	idioma que se habla en el hogar/en casa; idioma hablado en el hogar/en casa; idioma del hogar
home page	página de inicio; página principal
home run derby	derbi de jonrones
homebound	confinado al hogar; en rumbo a casa
homecoming	*homecoming*
homeland security	seguridad nacional
homeless	gente sin hogar; persona indigente
homeowner	propietario/dueño de casa

homeowners insurance	seguro sobre riesgos del hogar
homeroom	salón base
homeschool	escuela en casa; enseñanza académica en el hogar; educación escolar en casa
hometown	ciudad natal
homework	tarea(s)
hominid	homínido
homogenous	homogéneo
honor (v.)	honrar; rendir honores; mostrar respeto; reverenciar
honor roll	cuadro de honor
honor system	sistema de honor
honorable mention	mención honorífica
honorary degree	título honoris causa
honoree	homenajeado
honors class	clase *honors*
horns	(in a band) cornetas
horseplay	jugar rudo
hospitality (industry)	hotelería; industria hotelera
host	anfitrión; que recibe/aloja a alguien; (web) alojamiento
host family	familia anfitriona
hotline	línea informativa; infolínea
hour	hora
house of representatives	cámara de representantes
household	hogar; familia
household income	ingresos domésticos/familiares
housekeeping	gestión interna; (housekeeping items) detalles de preparación/administrativos
housewife	ama de casa
housing allowance	subvención de vivienda
how-to	como hacer algo; instructivo; guía; instrucciones; explicación
hub	base; centro; núcleo
Human Immunodeficiency Virus (HIV)	Virus de Inmunodeficiencia Humana (VIH)
Human Papillomavirus (HPV)	Virus del Papiloma Humano
human resources	recursos humanos
human rights	derechos humanos
human trafficking	trata de personas
humanitarian	humanitario

humbling experience	experiencia reveladora
hunger	hambre
hungry, to be	tener hambre; estar hambriento
hurt	lastimado; herido; dañado; perjudicado; ofendido; dolido
hydroponic	hidropónico
hydroponics	hidroponía
hygiene	higiene
hygienic	higiénico
hyperbole	hipérbole

I

icebreaker	(activity) rompehielos; actividad para romper el hielo
icon	ícono
identify	identificar
identifying (adj.)	identificativo; identificador; que identifica; de identificación; referencial
identity theft	robo de identidad
idiom	modismo
if any	si es que existe algún/alguno/algo
if applicable	si corresponde
if no…	de lo contrario…; si la respuesta es no…; si indicó que no
if yes…	de ser así…; si la respuesta es sí…; si indicó que sí
ignorant	ignorante
illegal immigrant	inmigrante ilegal
illiteracy	analfabetismo
illiterate	analfabeto
imagery	imaginería
imagination	imaginación
immature	inmaduro
immeasurable	inconmensurable; sin medida
immersion	inmersión
immigrant	inmigrante
immigrant status	estatus migratorio
immune response	respuesta inmunológica
immunization booster	vacuna de refuerzo; dosis de refuerzo
immunization record	cartilla de vacunas
immunization requirements	requisitos de vacunas
impact aid	fondos de apoyo
impairment	impedimento
impetigo	impétigo
implement	implementar
impoverished	empobrecido; indigente
impress upon	inculcar; recalcar; enfatizar; convencer; hacer ver; dejar grabado
imprisoned	encarcelado
impromptu	espontáneo; improvisado
improve	mejorar
improvement	mejoramiento; superación; mejora; aumento

in accordance with	de acuerdo con; de conformidad con
in an orderly fashion/manner	de forma/manera ordenada
in depth	a fondo; exhaustivo
in force	vigente
in kind	en especie; del mismo modo
in observance of	por motivo de
in preparation for	en preparación para
in respect to	con respecto a; en cuanto a; tocante a; concerniente a
in the best interest of…	en beneficio de; por el beneficio de; representar los mejores intereses de; ser lo mejor para…
in your own words	en sus/tus propias palabras
income	ingresos; entradas; sueldo; salario; ganancias
incompetent	incompetente; incapaz; torpe
incomprehensible	incomprensible
indent (v.)	sangrar; dejar/poner sangría
indentation	(space at the beginning of a paragraph) sangría
Independence Day	Día de la Independencia
Independent Citizens Oversight Committee (ICOC)	Comité de Supervisión de Ciudadanos Independientes
Independent Study Contract (ISC)	Contrato de Estudio Independiente
index finger	índice
indirect cost rate	índice de gastos indirectos
Individualized Education Program (IEP)	Programa de Educación Individualizado
Indochinese	indochino
indolent	indolente; perezoso
indulge	complacer; satisfacer; consentir; mimar; darse un gusto; disfrutar
indulgence	indulgencia; lujo; satisfacción; mimo
inebriated	ebrio
ineffective	inefectivo
inept	inepto; incapaz; torpe
inequality	desigualdad; disparidad
infectious disease	enfermedad contagiosa
infer	inferir; deducir
inferential	deducible
inferiority complex	complejo de inferioridad
infinitive	infinitivo
information technology	tecnología de información/informática
informational item	asunto/tema informativo

informative	informativo
infuse	infundir; inculcar
ingrain	incrustar; arraigar
inhaler	inhalador
inherent risks	riesgos inherentes
inhibited	cohibido; reservado
initial here	ponga sus iniciales aquí; escriba aquí su iniciales; firme aquí con sus iniciales
initials	iniciales
initiative	iniciativa
injured	herido; lastimado; lesionado
injury	herida; lesión
inmate	preso; recluso
inner city	zonas urbanas
input	sugerencias; aportes; opiniones; ideas
inquiry	indagación; investigación
inquiry method of instruction	método instructivo de indagación
inquisitive	inquisitivo; curioso
insecure	inseguro; que carece de confianza; (dangerous) peligroso
insecurity	inseguridad
in-service	capacitación dentro del lugar de trabajo
insight	perspectiva; visión reveladora; perspicacia; entendimiento; punto de vista; conocimiento; acceso; información
inspiration	inspiración
inspirational	inspirador
in-state tuition	matrícula de residentes del estado
instead	en lugar de; en su lugar; en vez de
instill	inculcar; infundir
institutionalize	institucionalizar; internar
instruct	instruir; enseñar; dar instrucciones
instructional aide/assistant (IA)	ayudante/asistente instructivo
instructional component	componente instructivo/didáctico
instructional facilities	instalaciones educativas
instructional leader	líder didáctico
instructional leadership team	equipo de liderazgo didáctico
instructional material funds	fondos para materiales didácticos
Instructional Media Center (IMC)	Centro de Medios Didácticos

instructional objective	objetivo de la enseñanza
Instructional Study team (IST)	Equipo de Estudio Didáctico
instructional supplies	materiales didácticos; materiales educativos
instructional support	apoyo didáctico
insult	insultar; ofender
intake	admisión; entrevista/inscripción inicial
integer	número entero
integrate	integrar; combinar; incorporar; unir
integrated	integrado
integration services	servicios de integración
integrity	integridad; honestidad; honradez; rectitud
intellectual skills domain	campo de la habilidad intelectual
Intelligence Quotient (I.Q.) level	nivel del Coeficiente Intelectual
intelligibility	inteligibilidad
intend	tener la intención de; tener como objetivo; pensar/planear hacer algo; (earmark) destinar
intent to sell/distribute	intención de vender/distribuir
interagency	interinstitucional; "interagencial"
intercom	intercomunicador
interdistrict attendance permit	permiso de asistencia entre distritos
interests	intereses
interfaith	interreligioso
interference errors	errores de interferencia
intergroup	entre grupos; "intergrupal"
interim	mientras tanto; ínterin; interino; provisional
intern	pasante; becario; practicante; aprendiz
intern administrator	administrador aprendiz
internalize	internalizar
internet safety	seguridad al navegar por Internet
internship	pasantía; práctica profesional; período de práctica/como aprendiz
interpersonal skills	habilidades para el trato interpersonal
interpret	interpretar
interpretation	interpretación
interpreter	intérprete
interrupt	interrumpir
interscholastic athletic programs	programas deportivos interescolares

intersession	*intersesión*
interstate	interestatal; entre estados
interval	intervalo; espacio; lapso; intermedio; descanso
intervene	intervenir; interceder; (physically) interponerse
intervention	intervención
interview (n.)	entrevista
interview (v.)	entrevistar
intolerance	intolerancia
intoxicated	(alcohol) embriagado; ebrio; en estado de ebriedad; borracho; (drugs) drogado
intradistrict attendance permit	permiso de asistencia dentro del distrito
intramural sports	deportes intramuros
intrastate	"intraestatal"; dentro del estado
introductory course	curso de introducción
invest	invertir
invoice	factura
involved	involucrado; que participa; implicado
involvement	participación
issue (n.)	asunto; tema; problema; cuestión; conflicto; inconveniente; (publication) edición
issue (v.)	distribuir; difundir; expedir; repartir; publicar; emanar; hacer entrega de; poner en circulación
italics	(letters) cursiva; itálicas
item	artículo; objeto; pieza; partida; tema; asunto
itemize	detallar; especificar
itemized statement	cotización
itinerant	itinerante

J

janitor	conserje
January	enero
jargon	jerga
jaundice	ictericia
jealous	celoso; envidioso
job aid	guía práctica
job counseling	orientación laboral
job fair	feria laboral
job openings	puestos/plazas vacantes
job placement	colocación laboral
job shadow	jornada laboral
job skills	aptitudes laborales
job training	capacitación laboral
jogging	jogging; trotar; correr a paso lento
joint	(body) articulación; (hinge) junta; bisagra; (marijuana cigarette) toque; churro; (prison) el bote; el tanque
joint contract	contrato conjunto
joint diploma program	programa de diploma conjunto
joint exercise	ejercicio/tarea en conjunto/cooperativa/unida
joint funds	fondos combinados; fondos compartidos; fondos unidos
joint use	uso compartido
journal	diario
journaling	llevar un diario
journalism	periodismo
journalist	periodista
journey	travesía; viaje; recorrido; paseo; camino; trayecto
joyous occasion	ocasión/evento alegre
judgment	opinión; sentencia; juicio; decisión
Judiciary Branch (of government)	Poder Judicial
July	julio
jump bail	fugarse después de pagar la fianza
jump the line	colarse en la fila/línea/cola; meterse sin esperar su turno; meterse fuera de turno
jumper	(inflatable structure) "brincolín"
June	junio
jungle gym	estructura de barras para jugar; "los tubos"
junior	junior; alumno de 11° grado; alumno del tercer año de universidad

junior college	universidad de dos años
junior high school	escuela secundaria
junk food	comida chatarra
juror	miembro del jurado
jury duty	servicio de jurado
jury trial	juicio por jurado
just right books	libros exactos; libros justos
justice system	sistema de justicia
juvenile (n.)	menor de edad; joven
juvenile (adj.)	infantil; juvenil
juvenile delinquency	delincuencia juvenil
juvenile hall ("juvi")	reclusorio de menores; centro de detención de menores; reformatorio
juxtapose	yuxtaponer
juxtaposition	yuxtaposición

K

Karen	(language) lengua karénica; (people) karen
keen	sagaz; perspicaz
keep it real	(slang) sé sincero; sé tú mismo; no seas falso; mantén los pies sobre la tierra
keep your hands to yourself	no toques a nadie
keepsake	recuerdo
keg (of beer)	barril (de cerveza)
kelp	alga marina
kempt	aseado; ordenado
kennel	perrera
kettle drum	timbal
keyboard	teclado
keyboarding	mecanografía
keynote address	discurso principal
keynote speaker	orador principal
keyword	palabra clave
kickoff	comienzo; inicio; (football) patada inicial
kickstart something	arrancar/comenzar algo
kidnap	secuestrar; raptar
kidnapping	secuestro; rapto
kiln	horno
kin	parientes; familiares
kind (adj.)	amable; atento; bondadoso; bueno
kind regards	saludos cordiales
kindergarten	kínder; jardín de niños
kindergarten readiness	preparación para el kínder
kindness	amabilidad; bondad; generosidad
kinesiology	kinesiología; quinesiología
kinesthesia	cinestesia
kinesthetic	cenestésico
kinesthetic awareness	conciencia/percepción cenestésica
kinesthetic feedback	reacción cenestésica
kinetic energy	energía cinética
kiss and tell	andar contando cosas que uno no debe
kit	equipo; conjunto; juego; estuche (sewing kit = estuche de costura)
Kleenex®	*"klinex"*; pañuelos desechables

knee	rodilla; (take a knee) arrodillarse/ponerse sobre una rodilla
kneel down	arrodillarse; hincarse (de rodillas)
knickknacks	chucherías; chácharas
knock out	noquear; dejar inconsciente
knowingly	a sabiendas; intencionalmente
know-it-all	sabelotodo
knowledge	conocimiento; conocimientos
knowledgeable	bien informado; conocedor; experto; enterado; culto
knuckle sandwich	puñetazo en la boca
knuckles	nudillos
kudos to…	felicidades a; agradecimiento a; reconocimiento a…

L

labor code	código laboral
Labor Day	Día del Trabajo
laboratory (lab)	laboratorio; centro de estudios
laboratory method	método de laboratorio
laborer	obrero
lack (n.)	carencia; falta
lack (v.)	carecer
lacking	carente; insuficiente
lactose intolerant	intolerante a la lactosa
ladder system	sistema escalonado
lag	retrasarse; demorarse; atrasarse
laminate	enmicar; laminar
landlord	propietario; arrendador
landmark	hito; punto de referencia; indicador; guía
landscape	paisaje; panorama
landscaper	paisajista; jardinero
landscaping	paisaje/jardinería ornamental
language acquisition	adquisición del idioma
language arts	disciplinas lingüísticas; lengua y literatura (cde.ca.gov)
language assessment	evaluación del lenguaje
language census	censo de idiomas
language classification	clasificación según el dominio del idioma
language development	desarrollo del idioma
language expressive	que se expresa verbalmente
language minority students	alumnos que hablan el idioma de una minoría
language of a document	la redacción de un documento
language proficiency	dominio de un idioma
Laotian	laosiano
lap marker	marcador de vueltas
laptop	computadora portátil
last day of school, the	el último día de clases
last name	apellido
last, but not least...	por último, pero no menos importante...
late activity	actividad tardía
late bloomer	persona que se desarrolla tarde; de desarrollo tardío; retoño tardío
late entry	entrada tardía
late payment	pago tardío

late slip	pase de retardo; nota de retraso; permiso por llegar tarde
latency	latencia
lateral dominance	dominancia lateral
law	ley; regla; norma
law enforcement	agentes del orden público; elementos de seguridad pública; cuerpos de seguridad; las autoridades; aplicación de la ley
law school	facultad/escuela de derecho
layoff (n.)	despido; cesantía
layoff (v.)	despedir
layout	diseño; configuración; arreglo; colocación; plano
lazy	perezoso; holgazán; flojo
lazy eye	ojo perezoso (aao.org); ojo vago
lead teacher	maestro titular
leader	líder; dirigente
leadership	liderazgo; liderato; dirección
leads (for a mechanical pencil)	minas (para lapicero)
leaflet	folleto
leap frog	(game) burro saltado
leap year	año bisiesto
learn	aprender; averiguar; descubrir
learner	aprendiente; estudiante; alumno; educando
learning center	centro de aprendizaje
learning disabilities	discapacidades de aprendizaje
learning domain	dominio del aprendizaje
learning environment	entorno/ambiente de aprendizaje
learning modalities	modalidades del aprendizaje
learning problems	problemas en el aprendizaje
learning style	estilo de aprendizaje
lease agreement	contrato de arrendamiento
leave	permiso; licencia
leave of absence	licencia con/sin goce de sueldo
leave out	excluir; dejar fuera; omitir; dejar a un lado
lecture (n.)	lección; clase; sermón; conferencia; presentación
lecture (v.)	dar clase; dar una lección/un sermón; regañar
lecture hall	sala de conferencias
lecturer	orador; conferenciante; conferencista
ledger	libro de contabilidad
left-handed	zurdo (he/she is left-handed = él/ella es zurdo/a)
leftover	restante
legacy	legado; herencia; patrimonio; tradición; (college) tradición académica; legado familiar
legal immigrant	inmigrante legal

legal residence	domicilio legal
legalization	legalización
legend	leyenda; (on a map) legenda; simbología; referencias
legibly	legiblemente
Legislative Branch (of government)	Poder Legislativo
legislator	legislador
legislature	asamblea; legislatura
lend	prestar
length	longitud; el largo; (of time) duración
less than (<)	menor que
lesson planning	preparación de lecciones
letter jacket	chamarra de distinción escolar
letterman	deportista distinguido
letterman jacket	chamarra de distinción en los deportes
leveled books	libros nivelados
leveled reading	lectura nivelada
leverage (n.)	influencia; ventaja
leverage (v.)	fortalecer; hacer uso; aprovechar; potenciar; nivelar
lexicon	léxico
lexile	(voz inglesa) *lexile*
liable	responsable
liaison	enlace
Liberal Arts	Humanidades
librarian	bibliotecario
library assistant	asistente de biblioteca
library fines	multas de la biblioteca (por retraso en la devolución)
lice	piojos
life expectancy	esperanza de vida
life skills education	educación de destrezas para la vida
life-threatening situation	situación de vida o muerte; situación que amenaza/pone en riesgo la vida; situación con peligro de muerte
light duty	trabajo liviano; trabajo ligero
light switch	*switch* de luz; interruptor/apagador de luz
lighting	iluminación
like (v.)	gustar; querer; agradar; apetecer
like (adj.)	igual; similar; parecido; semejante; del tipo
like (slang)	o sea; es que; digo; en plan de; así como; tipo
Limited English Proficient (LEP)	Proficiente Limitado en el Inglés; Con Dominio Limitado del Inglés
limited English speaker	persona limitada en el uso del inglés
limited functional	limitadamente funcional
line item (cost)	partida (gastos por partida)
line of work	línea/área/tipo de trabajo; profesión
line spacing	espaciado de líneas

lined paper	papel rayado; papel con renglones
line-up, to	formarse; formar/hacer una fila/línea; hacer cola; (align) alinear; emparejar
linguist	lingüista
linguistic	lingüístico
lining	forro; mucosa (nasal, oral, bucal, etc.)
link	vínculo; (web) enlace
Link Crew	(high school) Grupo de Inducción
linkage	unión
linked learning	aprendizaje enlazado
liquid paper	corrector líquido
lisp (n.)	ceceo
lisp (v.)	cecear
list (n.)	lista; listado; registro
list (v.)	listar; enumerar; apuntar; registrar
listed	listado; enumerado; puesto en una lista; puesto en orden; registrado; apuntado; publicado
listener	oyente (good listener = oyente eficaz)
listening and speaking	escuchar y hablar
listening skills	destrezas para escuchar; destrezas de comprensión auditiva
literacy	lectoescritura; alfabetismo; saber leer y escribir
literacy block	bloque de lectoescritura
literacy device	técnica literaria; instrumento literario
literacy framework	marco conceptual de lectoescritura
literally	literalmente
literary	literario
literate	alfabetizado; alfabeto; letrado; educado; que sabe leer y escribir
literature	literatura
litigator	litigante
living document	documento vivo/en transición/cambiante/dinámico/que evoluciona
living things	seres vivos
living wage	sueldo digno; salario para poder vivir
loading zone	la parada (de autobuses/coches); paradero; zona de abordaje y desembarque
loan	préstamo
lobby	recepción; área de recepción
lobbying	cabildeo
lobbyist	cabildero
local control	control local; subsidiariedad
Local Education Agency (LEA)	Agencia Local de Educación (cde.ca.gov)
lock box	caja de seguridad

lockdown	cierre forzoso
locker	*locker*; casillero
locker room	vestidor; vestuario
log (n.)	registro; diario
log (v.)	registrar; anotar; apuntar; documentar
log in	iniciar sesión; entrar/ingresar al sistema
log out	cerrar sesión; salir del sistema
logistics	logística
loitering ordinance	ordenanza contra la vagancia
lonely	solo; aislado; solitario
look down on	despreciar; menospreciar
look forward to	anticipar con gusto; esperar con agrado; esperar ansiosamente; tener ganas de
loophole	laguna (tax loophole = laguna fiscal); tecnicismo; escapatoria; trampa
looting	saqueos (ej.: hubo muchos saqueos durante los disturbios)
loss	pérdida
lost and found	objetos perdidos; oficina/departamento/recipiente de objetos perdidos
loved	amado; querido; estimado
lovingly	cariñosamente; tiernamente; afectuosamente
low achievement/performance	bajo rendimiento/desempeño
low achieving/performing student	alumno de bajo rendimiento/desempeño/aprovechamiento
low fat milk	leche semidescremada/baja en grasa
low grade	calificación deficiente; calificación baja
low incidence	poco común; infrecuente (cde.ca.gov)
low income families	familias de bajos ingresos económicos (cde.ca.gov)
lower grades	grados inferiores/iniciales de la escuela; primeros grados de la escuela
lowercase letter	letra minúscula
lucky	afortunado; tener suerte; suertudo
ludotec	ludoteca; biblioteca de juguetes
lullaby	canción de cuna
lump sum	suma total; en un solo pago
lunch application	solicitud para recibir alimentos
lunch arbor	comedor al aire libre
lunch duty	supervisión del comedor/durante el almuerzo
lunch duty person	supervisor del comedor
lunch time	hora del almuerzo; hora de comer
lunch/food tray	charola de comida
lunchbox	"lonchera"

M

mad dog someone, to	quedársele viendo mal/feo a alguien
Magnet School	Escuela Magnet
mainstream (n.)	programa regular; convencional; corriente principal
mainstream (v.)	integrar al programa regular; normalizar
Mainstream English Cluster (MEC)	Agrupación en Inglés Regular
mainstream teacher	maestro de educación regular
major	(college) especialización académica; disciplina principal
make a line, to	formarse; formar/hacer una fila/línea; hacer cola; (draw) dibujar/hacer una línea
make a motion	presentar una moción
make fun of someone, to	burlarse de alguien; reírse de alguien
make it happen	hazlo realidad
make out (v.)	besarse
make up	reponer; compensar
makeover	modificación; transformación; cambio; remodelación; arreglo
make-up test	prueba extraordinaria (cde.ca.gov)
make-up work	trabajo de repuesto
maladjusted	inadaptado; inadecuado; marginado; desajustado
malignancy	malignidad; (med.) cáncer
management	administración; gestión; manejo
management leadership	liderazgo de gestión
manager	administrador; gerente; supervisor
mandated	bajo mandato
mandated reporter	denunciante obligatorio (childwelfare.gov); persona obligada a reportar; persona bajo mandato de reportar
mandated reporting	reporte obligatorio (childwelfare.gov)
mandated tasks	obligaciones
mandatory	obligatorio
manipulatives	manipulativos; materiales manipulativos
manpower	mano de obra; personal
manufacturing	fabricación; manufactura; producción
mapping	mapeo
March	marzo
marching band	banda de marcha
marine corps	cuerpo de marines (todaysmilitary.com)

marital status	estado civil
mark (n.)	marca; calificación; indicador; señal; nota
mark (v.)	marcar; calificar; indicar; señalar
market (v.)	promocionar; promover; vender; anunciar
marquee	marquesina
mass media	medios de comunicación masivos
mass production	producción en masa
mass storage	almacenamiento masivo
master (v.)	dominar; controlar; vencer
master plan	plan maestro
master schedule	horario principal/maestro
master teacher	maestro principal
match	igualar; coincidir; emparejar; combinar
matching funds	fondos equivalentes; aportaciones paralelas
maternity leave	licencia por maternidad; licencia de incapacidad por maternidad
mathematics (math)	matemáticas
May	mayo
mayor	alcalde; presidente municipal
mean	media
mean deviation	desviación media
meaningful	significativo; con significado
meaningfully	significativamente; de manera significativa; de manera importante
means (resources)	medios; recursos
measles	sarampión
measurable	medible; mensurable
measuring cups	tazas para medir
mechanical pencil	lapicero (leads = minas)
Mecotronics (Mechanics, Computers, Telecommunications and Electronics)	Mecotrónica (Mecánica, Computadoras, Telecomunicaciones y Electrónica)
media center	centro de medios informativos
media coverage	cobertura periodística; cobertura de los medios de comunicación
media, the	los medios de comunicación; los medios informativos
median	la mediana
medical exam	examen médico
medical leave	licencia por razones médicas; licencia de incapacidad por razones médicas
medical school	facultad/escuela de medicina
medication	medicamento; medicina
medicine	medicina; medicamento

meditation	meditación
meet a requirement	satisfacer/cumplir con/alcanzar/llenar/reunir un requisito
megaphone	altavoz; megáfono
member	miembro; integrante
member at large	miembro itinerante
membership	membresía; afiliación
membership drive	campaña de afiliación
memo	memorándum
memorandum of understanding	memorándum de entendimiento
Memorial Day	Día de los Caídos en Guerra
memorize	memorizar; aprender de memoria
Meningococcal Conjugate Vaccine (MCV)	Vacuna Meningocócica Conjugada (nlm.nih.gov)
mental health	salud mental
mentally disabled	discapacitado mental
mentally retarded	retrasado mental
mentee	tutelado; pupilo; estudiante
mentor (n.)	mentor
mentor (v.)	servir como/ser mentor; aconsejar; orientar; guiar
mentoring	programa de mentores
mercy	misericordia; compasión; piedad
merit-based scholarship	beca basada en el mérito
messy eater	se ensucia al comer
met	(standard) satisfecho
metal shop	clase de herrería; taller de herrería
metaphor	metáfora
metaphorically	metafóricamente
metrics	medidas
microfilm	microfilm
micromanage	"microgestionar"
microphone	micrófono
middle college high school program	programa de preparatoria dentro de una universidad comunitaria
middle finger	dedo de en medio (give someone the finger = sacarle el dedo a alguien)
middle initial	inicial del segundo nombre
middle school	escuela intermedia
midline	línea media
midterm exam	examen trimestral
Midwest, the	los estados centrales (de EE.UU.)
midwife	partera
migrant	migrante

Migrant Education Program	Programa de Educación para Migrantes
migratory	migratorio
mild	leve; poco severo; suave
milestone	hito; fase; acontecimiento importante; evento significativo; meta; objetivo
military deployment	despliegue militar
military housing	vivienda militar
mindset	mentalidad; perspectiva; actitud
minimum day	"día mínimo"; día corto
minion	secuaz
minor	(in college) segunda especialización; disciplina secundaria
minority	minoría; grupo minoritario
minute	(time) minuto
minutes	(record of a meeting) acta; minuta
misassignment	asignación equivocada
misbehave	portarse mal
misbehavior	mal comportamiento; mala conducta
mischief	travesuras
mischievous	travieso
miscommunication	error de comunicación; falla de comunicación
misconception	idea/concepto equivocado/erróneo
misdemeanor	delito menor
miss	(sports) fallar; no atinarle; errar; no darle; perder; faltar
misstep	tropiezo; paso en falso
mitigate	atenuar
mixed feelings	sentimientos encontrados
mixed media	procesos múltiples
mixer	reunión social
moan	hacer gemidos; gemir
mobile parent resource center	centro ambulante de recursos para padres
mobile school	escuela ambulante
mobilize	movilizar
mock	burlarse; ridiculizar; parodiar; arremedar; imitar; simular
mock test	prueba simulada; simulacro de una prueba
mock trial	juicio simulado
mock-up	maqueta; réplica; modelo a escala
mode	(math) moda
model behavior	comportamiento ejemplar
model car	coche miniatura
Model Organization of American States	Modelo de la Organización de Estados Americanos
Model United Nations	Modelo de las Naciones Unidas

moderately functional	moderadamente funcional
modified day	día modificado
module	módulo
molar	(tooth) muela
molester	agresor/abusador sexual; violador
Monday	lunes
money order	giro bancario; giro postal
monitor (n.)	monitor; supervisor; encargado; observador; inspector
monitor (v.)	monitorear; supervisar; observar; vigilar; controlar; revisar; inspeccionar
monitoring sheet	formulario de observación
monitoring software	software/programa de vigilancia
monkey bars	"los tubos"; "los juegos"
monkey see, monkey do	lo que el mono ve, el mono hace
mood	humor; estado de ánimo; (literature) atmósfera
mood swings	altibajos; cambios de humor; cambios del estado de ánimo
moody	voluble
morale	la moral; el ánimo
morals	valores/principios morales
moratorium	moratoria; suspensión
morphology	morfología
mortarboard	birrete
mortgage statement	estado de cuenta de hipoteca
mother tongue	lengua materna; idioma materno
motion carries	la moción se aprueba
motivational speaker	orador motivador
motor skills	habilidades de motricidad/motoras
mourning	luto; duelo
mouse	(computer) ratón; *mouse*
multicultural	multicultural
multiethnic	multiétnico
multifaceted	multifacético
multi-family dwelling	vivienda multifamiliar
multilingual	multilingüe; políglota; plurilingüe
multilingualism	multilingüismo; poliglotismo
multimedia	usando varios medios de comunicación
multiple choice question/test	pregunta/prueba de opción múltiple
multiple subject teaching credential	acreditación de maestro de múltiples materias
multiplication	multiplicación
multiplication facts	operaciones de la multiplicación

multiplication table	tabla de multiplicar
Multi-Track Year-Round School	Escuela de Año Escolar Continuo con Ciclos Múltiples
mumble	mascullar; farfullar; hablar entre dientes
mumps	paperas
municipality	municipio
music	música
music stand	atril
mutual funds	fondos de inversión colectiva
myopia	miopía

N

naïve	ingenuo; inexperto; inocente
name tag	gafete
narrative (n.)	narrativa
narrative (adj.)	narrativo
national anthem	himno nacional
National Archives	Archivos Nacionales
National Blue Ribbon School	Escuela del Listón Azul Nacional
National Board of Professional Teaching Standards	Comité Nacional de los Estándares de la Enseñanza Profesional
National Junior Honor Society (NJHS)	Sociedad Nacional de Honor Júnior
National Merit Scholarship Program	Programa de la Beca de Mérito Nacional
National School Lunch and Breakfast Program	Programa Nacional de Almuerzos y Desayunos Escolares
National Youth Administration (NYA)	Administración Nacional de Jóvenes
nationality	nacionalidad
Native American	nativo americano; indio americano (cde.gov)
native language	lengua materna; idioma materno
native speaker	parlante nativo
nature vs. nurture	lo innato contra lo adquirido; la naturaleza contra la crianza; se nace o se hace
naughty	travieso; mal portado; maleducado
navy	marina (todaysmilitary.com); fuerzas navales
nearly met	(standard) casi satisfecho
near-sighted	miope; que ve mal de cerca; corto de vista
neat	limpio; ordenado; aseado; pulcro; bien arreglado
neat writing	buena letra
nebulizer	nebulizador
need-based scholarship	beca basada en las necesidades (económicas)
needed, as	según sea necesario; de ser necesario; como sea necesario
needs assessment	evaluación de necesidades

needs improvement	necesita mejorar
neglected youth	menores desatendidos/descuidados/abandonados
neglectful	negligente; irresponsable; descuidado
neighborhood	vecindario; barrio; comunidad
neighborhood school	escuela de su comunidad; escuela que le corresponde a su domicilio
neighborhood watch	vigilancia comunitaria
nervous	nervioso
nested	establecido
net income	ingresos netos
netbook	mini computadora portátil
netiquette	netiqueta
network use guidelines	guías para el uso de la red
networking	establecer contactos; (informática) conexión de redes
new arrival	recién llegado; de recién ingreso
newcomer	recién llegado; de recién ingreso
news release	comunicado de prensa
newsletter	boletín informativo; noticiero
nice job!	¡buen trabajo!; ¡bien hecho!
nickname	apodo; sobrenombre
nits	liendres
no fault	sin culpa; sin atribución/determinación de culpabilidad; por causa ajena
no later than...	a más tardar...
No Shots, No School	Sin vacunas, no hay escuela
nominate	nominar; nombrar; proponer
nominations	nominaciones
nonattendance	inasistencia
nonattendance permit	permiso para no asistir a la escuela
non-binary gender	género no binario
noncertified	no certificado; sin certificación
noncompliance	incumplimiento
noncompliant student	estudiante desobediente
nonperishable	no perecedero
nonprofit organization	organización sin fines de lucro
nonpublic	privado
nonresident student	estudiante no residente de la escuela; estudiante que vive fuera de la zona de asistencia de la escuela; (college) estudiante no residente
non-severe class	clase para discapacidades no severas

noon	mediodía
noon duty assistant	asistente de supervisión/supervisor durante el almuerzo
norm (n.)	norma; estándar; modelo
norm (v.)	estandarizar
norming group	grupo de referencia
norm-referenced test	examen con referencia a las normas (cde.ca.gov)
nostril	fosa nasal; narina
not applicable (N/A)	no aplica; no aplicable; no corresponde (N/A es aceptable)
not met	(standard) no satisfecho
notarized letter	carta notariada
note (n.)	nota; apunte; anotación; punto; observación
note (v.)	notar; anotar; tomar/tener en cuenta; recordar; mencionar; observar; señalar
notebook	cuaderno; libreta
notepad	libreta; cuaderno; (post-its) bloc de notas
notice	aviso; anuncio; notificación
notice on non-discrimination	aviso de no discriminación
notification	notificación; aviso
noun	sustantivo; nombre
nourish	alimentar; nutrir; fomentar
November	noviembre
novice	novato; principiante
nuance	matiz; tonalidadPaquieres
number	número
number problem	problema de números
number sense	sentido numérico
number sentences	oraciones numéricas
numeracy	conocimientos numéricos; habilidad matemática
nurse practitioner	enfermera practicante
nurse's office	enfermería
nursery rhyme	rima infantil; poesía infantil
nurture	criar; enriquecer; cuidar; alentar
nurturing	enriquecedor
nurturing environment	ambiente/entorno enriquecedor/acogedor
nuts and bolts	los detalles prácticos; lo esencial

O

oath	juramento
obese	obeso
obesity	obesidad; (child obesity) obesidad infantil; (morbid obesity) obesidad mórbida
objectionable	inaceptable; objetable; desagradable; ofensivo
objective (n.)	objetivo; meta; propósito; finalidad; punto
objective (adj.)	objetivo; imparcial
objectivity	objetividad; imparcialidad
oboe	oboe
observance	por motivo de; cumplir con
observational data	datos observacionales
obstacle	obstáculo
obstacle course	pista/campo de obstáculos
October	octubre
odd (adj.)	raro; extraño; diferente; sobrante
odd jobs	trabajitos
odd number	número impar; número non
off duty, to be	estar fuera de servicio/del trabajo; salir del trabajo; terminar su turno; durante el tiempo libre
off task, to be	estar distraído; hacer algo que no debe; no hacer lo que debe
off the record	extraoficialmente; fuera del registro/expediente
offend	ofender; insultar; herir; lastimar; desagradar
offender	infractor; delincuente; agresor
offense	infracción; incumplimiento; ofensa; delito; (sports) ofensiva
officer	funcionario; directivo; oficial; agente
official	funcionario; oficial
offset	compensar; contrarrestar
old business	asuntos pendientes
ombudsperson	mediador
Omnibus Trailer Bill	Proyecto de Ley Complementario Ómnibus
on duty, to be	estar de servicio/de guardia; entrar al trabajo; comenzar su turno; estar trabajando
on file	tener archivado
on hold	posponer; aplazar; retener; detener; poner en suspenso
on leave	con permiso/licencia de estar ausente
on schedule	como previsto; puntualmente; a tiempo; al corriente; de acuerdo a lo programado
on second thought	pensándolo bien
on site	dentro de/en el plantel; en el local; en el mismo lugar

on task, to be	no distraerse; seguir con su trabajo; mantenerse enfocado en un trabajo; hacer lo que debe
on the go	ambulante; en el camino; simultáneamente; al mismo tiempo; de salida; de prisa
on track	en vías de; en camino a; por el camino correcto; por buen camino; en marcha
one by one	uno por uno; caso por caso
one on one	individualmente; en privado; cara a cara
one-act play	obra de un solo acto
one-time money	dinero que sólo se recibe/otorga una vez
one-way	unidireccional
open enrollment	inscripciones abiertas
Open Enrollment Act	Ley de Inscripción Abierta
open floor	permitir que se hable sobre el asunto
open house	evento de puertas abiertas; *open house*
open-ended question	pregunta abierta
opening remarks	comentarios/palabras de apertura
opinion piece	artículo/trabajo de opinión
opportunity	oportunidad
opt in/out	optar por participar/por no participar
optimize	optimizar; perfeccionar
option	opción
orchestra	orquesta
ordinance	ordenanza
original settings	configuraciones originales
orphan	huérfano
orphanage	orfanatorio; orfanato
orthopedically impaired	con impedimentos ortopédicos
ostracize	excluir; aislar; expulsar
otherwise	de lo contrario; si no; de otra manera; de otro modo; aparte de eso; otra cosa
out someone, to	develar/revelar/exponer/delatar a alguien
outbreak	brote
outcast	paria; marginado
outcome	resultado; desenlace; consecuencia
outdated	anticuado; pasado de moda; obsoleto; vencido; caducado
outdoor education program	programa educativo al aire libre
outgoing person	persona social/extrovertida/abierta
outlet	(electrical) contacto eléctrico; tomacorriente; (emotional) salida; manera de expresarse/desahogarse; válvula de escape

outline (n.)	bosquejo; plan general; perfil; definición; explicación; temario del curso
outline (v.)	bosquejar; delinear; definir; explicar; plantear; presentar; hacer un esquema
out-of-state tuition	matrícula de no residentes del estado
output	producción; producto; cantidad producida; rendimiento
outreach	divulgación; alcance externo; auxilio exterior; difusión
outside the box	de manera diferente; con creatividad; con originalidad
outsider	ajeno; desconocido; persona de afuera; independiente; forastero; extranjero
outsourcing	externalización; fuga de empleos
outspoken	franco; honesto; directo; que se expresa abiertamente; que dice las cosas como son; que no tiene pelos en la lengua
outstanding	excepcional; sobresaliente; espectacular; destacado
outstanding checks	cheques pendientes
outstanding debt	deuda existente
over the counter	medicamentos sin receta médica
overachiever	que logra más de lo esperado; persona sobresaliente
overage	exceso; sobrante
overall score	calificación total; resultados totales
overarching question	pregunta dominante/global/general/principal/primordial
overcome	vencer; superar
overcrowded classrooms	salones abarrotados de alumnos
overcrowding	sobrepoblación; exceder el cupo
overdue books	libros con el plazo de devolución vencido/atrasado
overflow (n.)	sobrecupo; exceso
overflow (v.)	desbordarse; exceder
overhaul	reparar; ajustar; revisar; reconstruir totalmente
overhead	(expenses) gastos generales
overlap	sobreponer; traslapar; cruzar; coincidir; ocurrir simultáneamente/al mismo tiempo
overlay	sobre cotizar
overload	sobrecarga
overlook	ignorar; pasar por alto
overriding question	pregunta predominante/primordial
oversight committee	comité de supervisión
overtime	sobretiempo; horas extras
overturn	invalidar; anular
overview	panorama/perspectiva/visión general; generalidades
overwhelming	abrumador; arrollador; aplastante; incontenible; irresistible; agobiante; agobiador
own it/up	admitir; reconocer; confesar; aceptar la responsabilidad; hacerse responsable

P

pace	ritmo; paso; tempo
Pacific rim	países de la costa del Pacífico
packet	paquete
page (n.)	página; hoja
page (v.)	llamar; vocear; buscar
paid	pagado; con goce de sueldo
paid leave	licencia con goce de sueldo
palindrome	palíndromo; capicúa
panel	jurado; grupo de expertos
paper clip	*clip*; sujetapapeles
paperback book	libro de bolsillo; libro de pasta/tapa blanda
paperwork	papeleo; documentos; tramitación de documentos; formularios; trabajo administrativo/de oficina
paradigm	paradigma
paradox	paradoja
paraeducator	paradocente; asistente/auxiliar educativo
paralegal	asistente legal
paralexia	paralexia
parameter	parámetro
paramount	primordial
paraphernalia	parafernalia
paraprofessional	paradocente; asistente/auxiliar educativo
parent academic liaison (PAL)	enlace académico con los padres
Parent Advisory Committee (PAC)	Comité Asesor de Padres
Parent Empowerment Act	Ley de Poder para Padres
parent engagement	interacción con los padres
parent facilitator	facilitador para padres
parent involvement	participación de los padres (cde.ca.gov)
parent involvement technician	técnico de participación de padres
parent support	apoyo para los padres
Parent Teacher Association (PTA)	Asociación de Padres y Maestros
parent trigger	activador de padres
parent volunteer bank	reserva de padres voluntarios

parent/student advocate	intercesor de padres y estudiantes; promotor de padres y estudiantes
parent/teacher conferences	conferencias de padres y maestros
parental election waiver	exención de elección parental
parenthesis	paréntesis
parenting class	clase de crianza de los hijos; clase de formación de los hijos; clase para ser buenos/mejores padres
parking lot	estacionamiento
parking permit	permiso de estacionamiento; permiso para estacionarse
parliamentarian	parlamentario
parole	libertad condicional; libertad bajo palabra
parole officer	oficial de libertad condicional
partial bilingualism	bilingüismo parcial
partial credit	crédito parcial
participle	participio
particulate matter	material particulado
partners	socios; aliados
partnerships in education	alianzas educativas; socios en la educación
part-time	de tiempo parcial
party favors	obsequios de la fiesta
pass/fail	pasar/reprobar
passerby	transeúnte
passing grade	calificación aprobatoria; buena calificación
passing period	tiempo de cambio de salón/clase; tiempo para cambiar de salón/clase; transición entre clases
passive voice	voz pasiva
passive-aggressive	pasivo-agresivo
password	contraseña
past due	al cobro
pathway	sendero; trayectoria; camino; secuencia de estudio/de cursos
patronage	patrocinio; auspicio; apoyo
pattern	patrón; modelo; pauta; estampado; diseño; adorno; costumbre; hábito; forma de hacer algo
payroll	nómina
payroll department	departamento de nómina
paystub	talón del cheque de sueldo
pedagogy	pedagogía
pediatrician	pediatra
pediculosis	pediculosis; piojos
pedophile	pedófilo
pedophilia	pedofilia
peer coach	entrenador/capacitador/tutor/mentor de colegas/compañeros

peer mediator	mediador para colegas/compañeros/semejantes
peer pressure	presión de sus compañeros/condiscípulos
peer teaching	enseñanza entre colegas/compañeros/semejantes
peer to peer (P2P)	punto a punto
peers	compañeros; colegas; semejantes; contemporáneos
pejorative	peyorativo; despectivo
pen	pluma; bolígrafo
pen pal	amigo por correspondencia
pencil	lápiz
pencil grip	manera como se detiene un lápiz; (device) adaptador ergonómico de lápiz
pencil holder	lapicero
pencil sharpener	sacapuntas
penmanship	caligrafía
people skills	experiencia en el trato al público; trato personal; habilidad para relacionarse con otras personas
pep rally	asamblea/manifestación animadora
pepper spray	espray de pimienta
peppy	vivaz; lleno de vida
per student spending	desembolsos/gastos por alumno
percent	por ciento
percentage	porcentaje
percentile	promedio medio
performance	desempeño; (theater) actuación; representación
performance categories	categorías de desempeño
performance indicators	indicadores de desempeño
performing arts	artes escénicas
perfume	perfume
period	(punctuation) punto; (class time) periodo
periodicals	publicaciones periodísticas; periódicos y revistas
perjury	perjurio
permanent resident card	tarjeta de residente permanente (see: green card)
perpetrator	autor de un crimen; perpetrador
persevere	perseverar; persistir
personal leave	licencia personal
personalize	personalizar; hacer a la medida
perspective	perspectiva; punto de vista
persuasive	persuasivo
pertinent	pertinente; oportuna
pertussis	tos ferina
pharaoh	faraón
phase-in plan	plan de fases

phishing	*phishing*; suplantación de la identidad
phone tree	cadena telefónica; sistema de llamadas
phonemes	fonemas
phonetic	fonética
phonics	enseñanza fónica
phonogram	fonograma
phrasing	fraseo; locución
physical activity	actividad física
physical education (P.E.)	educación física
physical exam	examen físico
Physical Fitness Test	Examen de Aptitud Física (cde.ca.gov)
Physical Plant Operations (PPO)	Operaciones de las Instalaciones Físicas
physical therapy(-ist)	fisioterapia(-peuta)
physicians recommendation for medication	recomendación médica para tomar medicinas
physics	física
pick up	(someone) recoger a alguien; pasar por alguien; (área) zona de abordaje; (put away) levantar; recoger; limpiar; asear
picky	exigente; meticuloso; delicado; quisquilloso; "sangrón"
picky eater	delicado para comer; ser caprichoso con la comida; tener un apetito caprichoso
piece of paper	hoja de papel
pinky finger	meñique
pitfalls	zancadillas; obstáculos
place holder	(mathematics) parámetro de sustitución
place value	valor posicional
placeholder	marcador de posición; sustituto temporal; algo que aparta el lugar de algo más
placement	asignación; colocación; ubicación
placement and appeal	asignación y apelación
placement test	prueba de nivel; prueba para determinar la asignación
plagiarism	plagio
plan	planear; planificar
plan ahead	planear/planificar con anticipación
planner	(calendar) agenda
plaque	(award) placa conmemorativa; (teeth) placa bacteriana
platitude	perogrullada; obviedad
play (n.)	obra (de teatro)
play (v.)	jugar; (instrument) tocar
play a role	jugar un papel; hacer el papel de; desempeñar una función; tener algo que ver

play dough	plastilina
play favorites, to	hacer favoritismo
playful	juguetón; bromista; travieso
playground	patio de juego; patio de recreo
pledge	promesa
pledge of allegiance	juramento a la bandera
plot	(of story) trama; argumento; (conspiracy) complot; plan; (of land) terreno; parcela
plush/stuffed doll	muñeco de peluche
Pneumococcal Conjugate Vaccine (PCV)	Vacuna Neumocócica Conjugada (nlm.nih.gov)
poacher	cazador furtivo
poaching	caza furtiva; casa ilegal
pocket chart	tablero con bolsillos
pockets (of poverty)	focos (de pobreza)
podium	estrado
point of order	cuestión de orden
point of sale	punto de venta
poison ivy	hiedra venenosa
poison oak	roble venenoso
policy	política; reglamento; (insurance) póliza de seguros
polio vaccine	vacuna antipoliomielítica
polite	educado; cortés; amable; respetuoso
political science	ciencias políticas
poll	sondeo; encuesta; casilla electoral
poll worker	funcionario de casilla electoral
polysaccharide	polisacárido
pool	(group) conjunto (applicant pool = conjunto de aspirantes); (of money) reserva; tanda
poor	(grade) malo; (performance) mediocre; (person) pobre; humilde
poor taste, in	de mal gusto
pop quiz	prueba repentina/sorpresa
population	población
pop-up window	ventana emergente
portable classroom	salón portátil
portfolio	carpeta de trabajo
positive behavior interventions and supports	intervenciones y apoyo para el comportamiento positivo
positive reinforcement	refuerzo positivo
positive self-image	imagen positiva de uno mismo

possession of a controlled substance	posesión de una sustancia controlada
post a comment online	publicar un comentario/aporte en línea
postage	franqueo; tarifas postales
poster	póster; cartel; anuncio
postgraduate student	estudiante de postgrado
postmark (n.)	matasellos; fecha del sello postal
postmark (v.)	matasellar
postsecondary education	educación posterior a la preparatoria; educación superior; educación terciaria
post-test	prueba posterior
posturing	tomar una postura; fingir ser algo
potential students	estudiantes potenciales; alumnos aspirantes
potluck dinner	cena colectiva; cena estilo *potluck*; cena de "traje"
potty (n.)	bacinica; tasa de baño; baño
potty, to go (v.)	ir al baño; hacer del baño; hacer pipí/popó
potty-mouthed	grosero; malhablado; pelado
potty-trained	que sabe ir al baño sólo; que puede usar el baño sólo
poverty	pobreza; miseria; escasez
poverty line	línea de pobreza
power of attorney	poder notarial; poder legal
power struggle	lucha por el poder
powerful learning	aprendizaje eficaz
practice test	examen/prueba de práctica
praise (n.)	elogios
praise (v.)	elogiar
prank	broma; travesura; truco; engaño; chiste
preamble	preámbulo; introducción
precalculus	precálculo
precocious	precoz; adelantado
predator	depredador
predecessor	predecesor; antecesor
predicament	aprieto; apuro; situación difícil
predicate	predicado
predicted gains	adelantos esperados
predominantly	predominantemente
preferred	preferido; favorito
preliminary	preliminar
prep teacher	maestro de preparación
preposition	preposición
preschool	preescolar
prescribe	recetar; prescribir
prescriptive	prescriptivo
president	presidente; rector (de universidad)

Presidential Academic Fitness Award	Premio Presidencial por Aptitud Académica
President's Challenge Physical Activity and Fitness Awards Program	Premios del Reto del Presidente para la Actividad y Aptitud Física
President's Council on Fitness, Sports, and Nutrition	Consejo de Aptitud Física, Deportes y Nutrición del Presidente
press box	cabina de prensa
press, the	prensa, la
pretentious	pretensioso; presumido; cursi
pretest (n.)	prueba preliminar
pretest (v.)	probar/examinar previamente/preliminarmente; tomar una prueba preliminar
preview	vista/presentación preliminar
previous	anterior; previo
primarily	principalmente; ante todo; especialmente; en primer lugar
primary	principal; primordial; primario; elemental; fundamental
primary care	cuidados primarios (healthcare.gov)
primary care provider	proveedor de cuidados primarios (healthcare.gov)
primary grades	los primeros años/grados de primaria; los años/grados inferiores de primaria
primary language	idioma materno; idioma nativo (cde.ca.gov)
primary language instruction	instrucción en el idioma materno
primary language proficiency assessment	evaluación del dominio del idioma materno
primary mental skills	habilidades mentales primarias
primary school	escuela primaria
Primary Years Programme World School	Escuela Mundial con Programa de Años de Primaria
principal	(of a school) director
principle	principio
print	escribir en letra de molde; (comp.) imprimir
print preview	vista preliminar
printed copy	copia impresa
prior notice	aviso previo; avisar de antemano; avisar con anticipación
prioritize	priorizar
priority	prioridad; preferencia

priority-based budgeting process	proceso de presupuesto basado en prioridades
privacy	privacidad
private	privado
private parts	partes privadas; partes íntimas
proactive	*proactivo*; con iniciativa; anticipado
probation	libertad supervisada/vigilada; periodo de prueba
problem solver	solucionador de problemas; persona resolutiva/que puede resolver problemas
problem solving	resolución de problemas
procedural	procesal; de procedimiento
procedural fluency	fluidez procesal
procedural safeguards	garantías de procedimiento
proceeds	ganancias; ingresos
process	tramitar
procrastinate	procrastinar; dejar las cosas para después; hacer las cosas hasta el último momento
procrastination	procrastinación
procrastinator	persona que deja todo para el último momento; persona que pospone sus obligaciones
proctor	supervisor durante un examen
procurement	adquisición
procurement card	tarjeta de adquisición/compras
prodigy	prodigio
productive	productivo
professional development	capacitación profesional
proficiency	dominio; suficiencia; pericia
proficiency indicators	indicadores de dominio
proficient	proficiente (cde.ca.gov); con dominio; capacitado; competente; hábil
proficient bilingualism	bilingüismo proficiente
profile	perfil; datos personales
profit	ganancias; beneficio; provecho
progeny	progenie; descendencia; descendientes
prognosis	pronóstico
Program Improvement School	Escuela con Mejoramiento del Programa
program manager	administrador del programa; gerente de programas
program monitoring	supervisión de programas
program outreach	divulgación a programas
progress report	informe de progreso

project assistant	asistente de proyecto
project resource teacher	maestro de recursos de un proyecto
promise neighborhoods	vecindarios promesa (ed.gov)
promote	promover; patrocinar
promoter	promotor; patrocinador; aficionado
promotion	promoción; pasar al siguiente grado; ascenso
prompt (n.)	indicador; indicación; señal; estímulo; mensaje del operador; (computer) comando
prompt (v.)	indicar; señalar; pedir; solicitar; provocar; preguntar; avisar; motivar
prompt (adj.)	veloz; rápido; pronto; puntual
prompt response	pronta respuesta
promptly	con prontitud; sin demora; inmediatamente; rápidamente; enseguida; velozmente
promptness	prontitud; presteza
pronoun	pronombre
proof of address	comprobante de domicilio
proof of income	comprobante de ingresos
proofread	leer/corregir pruebas; revisar
proofreader	lector/corrector de pruebas; revisor
proper noun	nombre/sustantivo propio
property tax	impuesto predial; impuesto sobre la propiedad
proposition	propuesta; proposición
prorate	prorratear
prosecute	enjuiciar; procesar; castigar
prospective students	estudiantes futuros; alumnos aspirantes
protractor	transportador
proud	orgulloso; soberbio
provide	proporcionar; ofrecer; brindar; proveer; impartir; aportar; otorgar; prestar; dar; presentar
provider	proveedor
provider agency	agencia proveedora de servicios
provision	provisión; estipulación; requisito
proxy	representante delegado; apoderado
proxy server	servidor proxy
psychiatrist	psiquiatra
psycho educational battery	grupo de pruebas cognoscitivas
psychology	psicología
psychometric	psicométrico
psychomotor	psicomotor
psychotropic	psicotrópico
puberty	pubertad

Public Address (PA) System	sistema de altavoz
public comments	comentarios públicos
public displays of affection (PDA)	exhibición de afecto en público
public officials	funcionarios públicos
public records	registros públicos
public speaking	oratoria
puke (n.)	(slang) guacareada
puke (v.)	(slang) guacarear
pull-down menu	menú desplegable
pull-out teacher	maestro auxiliar fuera del salón
punctuation	puntuación; signos ortográficos
punish	castigar
punishment	castigo
punitive	punitivo; correctivo; disciplinario
pupil	educando; alumno; discípulo; (of eye) pupila
purchase order	orden de compra
purpose	propósito
purposeful	con propósito; útil
purposefully	resueltamente; con intención; con determinación
purposely	intencionalmente; a propósito; deliberadamente; específicamente
pursuant to…	según; conforme a; de acuerdo con
pursue	seguir; buscar; continuar; dedicarse a; cursar (una carrera); perseguir
pursuit	búsqueda; persecución; pasatiempo; propósito
push-in teacher	maestro auxiliar dentro del salón
put down, to	insultar; ofender; humillar; criticar; menospreciar; denigrar; despreciar; rebajar
put out for bid	llamar a licitación
putdown	insulto; ofensa; crítica; humillación
puzzle	rompecabezas; adivinanza; acertijo
puzzled	perplejo; confundido; desconcertado
Pythagorean Theory	Teorema de Pitágoras

Q

quad	patio interior; patio *quad*; cuadrilátero
qualification	cualificación; capacitación; requisito; preparación; aptitud
qualified person	persona cualificada/adecuada/apropiada/calificada/preparada/capacitada
qualify for a job	ser apto para desempeñar un trabajo
qualify for free lunch	cumplir con/reunir los requisitos para recibir almuerzo gratuito; ser elegible para recibir alimentos gratuitos
qualifying exam	examen eliminatorio
qualitative	cualitativo
quality education	educación de calidad
quality school indicators	indicadores de una escuela de calidad
quandary	dilema
quantify	cuantificar
quantile	(voz inglesa) *quantile*
quantitative	cuantitativo
quantity	cantidad
quarrel	pelea; pleito; discusión
quarter	trimestre
quartile	cuartil
quasar	quásar
query	pregunta; consulta; búsqueda
question mark	signo de interrogación
questionable	discutible; dudoso; problemático
questioning mind	mente inquisitiva; mente curiosa; mente que hace preguntas
questionnaire	cuestionario
queue (n.)	fila; hilera de personas; cola
queue (v.)	formarse en fila; hacer cola
quintile	quintil
quirk	peculiaridad; excentricidad; capricho; rareza
quit (v.)	rendirse; darse por vencido; renunciar; dejar de (to quit smoking = dejar de fumar)
quitter	persona que se da por vencida/se rinde/deja de hacer algo; cobarde; rajón; derrotista
quiz	prueba corta
quizzical	(questioning) incrédulo; perplejo; curioso
quorum	quórum
quota	cuota; cupo; porción; límite
quotation	frase; cita; (estimate) cotización; presupuesto
quotation marks	comillas

quote	frase; cita; (estimate) cotización; presupuesto
quotient	cociente; coeficiente

R

race	(ethnicity) raza; (competition) carrera
racial balance	equilibrio racial
racist	racista
raffle	rifa; sorteo
rain or shine	llueva; truene o relampaguee
rainy day schedule	horario de día lluvioso
raise awareness	despertar interés
raise funds	recaudar fondos
rally	asamblea popular; manifestación; mitin
Ramadan	Ramadán
random	al azar; aleatorio
random acts of kindness	actos espontáneos de amabilidad
random sample	muestra aleatoria
randomized	aleatorio; sacado al azar
range	gama; alcance; cobertura; variedad; (of motion) grado de movilidad; (of visión) campo de visión; (open field) pastura; campo; prado; hábitat
rank order	orden por rango; según categoría
ranking	clasificación; categoría; rango
ranking allocations report	informe de distribuciones por clasificación
rape	violación
rapport	armonía; concordancia
raring to go	ansioso por empezar; con ganas de empezar; ansioso por ir
rash	sarpullido; roncha; irritación
rate (n.)	índice; proporción; clasificación; medida; rango; tarifa; precio; tasa
rate (v.)	calificar; clasificar; valorar; valuar
rate of return	tasa de rentabilidad
ratify	ratificar
rating	clasificación; calificación; valuación; valor
ratio	proporción; relación; índice; cantidad relativa
rational	racional; razonable; lógico
rationale	razón; razones; base lógica
raw data	datos sin procesar; datos en bruto
razor blade	navaja de afeitar
reachable	alcanzable
reach-out	estirar el brazo; contactar; comunicarse con; ofrecerse; hacer el esfuerzo; buscar

read	leer
Read Across America	Lectura a Través de América (nea.org)
read-a-thon	maratón de lectura
readiness	preparación; disposición; estar listo; prontitud; disponibilidad
reading	lectura
reading comprehension	comprensión de la lectura
reading log	registro de lectura
reading recovery	lectura auxiliar
ready	listo; preparado
real world, the	la vida real
reallocation	reasignación; redistribución
ream (of paper)	resma
rearing	crianza; educación de los hijos
reassignment	reasignación; recolocación
reassure	asegurar; tranquilizar; calmar
recall (n.)	recuerdo; memoria
recall (v.)	recordar; evocar; llamar; traer a la memoria; (from market) retirar
receptive language	lenguaje receptivo
receptiveness	receptividad; sensibilidad; respuesta
recidivism	reincidencia en la delincuencia
recipient	destinatario; ganador; beneficiario
reciprocate	responder/corresponder de la misma manera; devolver
reckless	imprudente; temerario; arriesgado; excesivo; peligroso; irresponsable
reclassification criteria	criterios para la reclasificación
recommended daily allowance	ingesta diaria recomendada
record (n.)	expediente; documentación; acta; antecedentes; registro; archivo; récord
record (v.)	documentar; registrar; grabar
recorder	secretario (de actas); (device) grabadora; (instrument) flauta dulce
recording secretary	secretaria de actas
record-setting	que bate (batió) récords
recreational	recreativo
recuse oneself	declararse impedido
recycle	reciclar
red flag	señal de alarma; señal de alerta; sospecha; indicación de peligro; foco rojo
redistricting	reconfiguración/redistribución de distritos

reference books	libros de consulta/de referencia
referral	referencia; solicitud/petición para intervención; reporte de conducta; reporte disciplinario; recomendación disciplinaria/por comportamiento
reflect	reflexionar; meditar
reflection	(thought) reflexión; (image) reflejo
reflective	reflexivo
refreshments	refrigerios
refugee	refugiado
refusal skills	habilidades de rechazo; habilidades para decir no
refuse	rehusar; rechazar; negarse
Regional Occupational Program (ROP)	Programa Regional de Ocupaciones
regional reciprocity	reciprocidad regional
register (n.)	registro; inscripción; matrícula
register (v.)	registrar; inscribir; apuntar; matricular
registered nurse	enfermera titulada
registered sex offender	agresor sexual registrado
registrar	secretario de admisiones; registrador
registration	registro; inscripción; matriculación
regretful	arrepentido
regrouping	reagrupamiento
regulation	reglamento; regla; norma
regurgitate	regurgitar; repetir mecánicamente
reimbursement	reembolso; indemnización
reinforce	reforzar; fortalecer; afirmar
reiterate	reiterar; repetir
relate	relacionar(se); (understand) entender
relationship	relación
relative	(family) pariente; familiar
release (n.)	comunicado; publicación; difusión de; lanzamiento; estreno; liberación; autorización; permiso; divulgación; renuncia
release (v.)	difundir; emitir; publicar; anunciar; comunicar; estrenar; dejar ir; liberar; soltar; permitir; entregar; autorizar; divulgar
release form	formulario de autorización; formulario de liberación
release of information	divulgación de información
release of liability	liberación de responsabilidad
release teacher	maestro suplente de planta; maestro de repuesto
release time	tempo de capacitación
released	liberado; soltado; entregado; puesto en libertad
releasees	entes exentos; entidades exentas; entidades exoneradas
relevance	relevancia; algo aplicable; concerniente

relevant	apropiado; que viene al caso
reliable	de confianza; que se puede confiar en él; confiable
reliable sources	fuentes confiables/de confianza
reliance	dependencia; confianza
relieved	sentirse tranquilizado; aliviado
religion	religión
relinquish	renunciar; abandonar; ceder; retirarse; desistir
relocatable classroom	salón móvil; salón *reubicable*
reluctance	no atreverse; ser renuente; falta de disposición
rely on	depender de; confiar en
remain effective	permanecer en vigor; seguir vigente
remaining	restante; sobrante
remarks	comentarios; observaciones
remedial	correctivo; remediador
remediation program	programa correctivo
remittances	remesas; envíos
removal	eliminación; remoción
remove	apartar; retirar; expulsar; remover; quitar; sacar
rent receipt	recibo de renta; recibo de pago del alquiler
rental agreement	contrato de alquiler; contrato de renta
rental unit	lugar que renta
repeat	repetir
repeat offender	reincidente; infractor reincidente; delincuente reincidente
repetition	repetición
replicable	repetible
replicate	repetir; duplicar; reproducir
report (n.)	informe; reporte; noticia; reseña (de un libro)
report (v.)	informar; reportar; manifestar; comunicar
report card	boleta de calificaciones
Report of Health Checkup for School Entry	Informe de Examen de Salud para el Ingreso a la Escuela
reporter	reportero; corresponsal; periodista
reporting	reportajes; presentación de informes; reportar; informar
reprieve	indulto; aplazamiento
reprimand (n.)	reprimenda
reprimand (v.)	reprender; regañar
reprint	reimpresión; reproducción impresa
reproductive organs	órganos reproductivos
reputation	reputación
request (v.)	solicitar; pedir; hacer una petición
request form	solicitud

request to exempt student	solicitud para eximir al alumno
required	requerido; obligatorio
requirement	requisito
rescind	rescindir
rescission	rescisión
Research and Reporting Department	Departamento de Investigaciones e Informes
research paper	ensayo de investigación
Reserve Officers Training Corps (ROTC)	Cuerpo de Entrenamiento de Oficiales de la Reserva (todaysmilitary.com)
reset	restaurar; reajustar; reiniciar; recolocar; restablecer (reset password = restablecer la contraseña)
residence school	escuela correspondiente a su domicilio; escuela del domicilio del estudiante
resident student	estudiante residente de la escuela; estudiante que corresponde a la escuela; estudiante que vive dentro de la zona de asistencia de la escuela; (college) estudiante residente
residential facility	centro residencial
resign	renunciar
resilience	resiliencia; resistencia; capacidad de adaptación/recuperación
resilient	resistente; tenaz; flexible; capaz de adaptarse
resolution	resolución; solución
resolve	resolver; solucionar
resource number	(budget) número de recurso
resource specialist	especialista de recursos
resource teacher	maestro de recursos
resourceful	ingenioso; capaz; persona de recursos; emprendedor
resources	recursos; medios
respect	respeto
respectful	respetuoso
respondent	respondedor; contestador; encuestado; (legal) demandado; acusado
responsive	receptivo; que responde
restless	inquieto
restorative circles	círculos restaurativos
restorative justice	justicia restaurativa
restraining order	orden de restricción; orden de alejamiento
restricted budget	presupuesto restringido
restructuring	reestructuración

result in consequences	acarrea (ciertas) consecuencias
results	resultados
résumé	currículum vitae
retain	retener; conservar (retain a copy = conservar una copia)
retaliate	tomar represalias; vengarse; contraatacar
retell	volver a contar
retention	retención
retire	jubilarse; retirarse
retraining	recapacitación
retreat (n.)	retiro
return on investment	rentabilidad sobre la inversión
returning students	alumnos re ingresantes/que regresan/que retornan
revenues	ingresos; entradas
reversal	movimientos contrarios; (writing) letras invertidas
reverse side	(of a document) dorso
review panel	jurado de revisión/evaluación
reviewer	examinador; revisor; evaluador; inspector; crítico
revisit	reconsiderar; revisar; repasar; volver a considerar/visitar
revoke	revocar; anular; renunciar
revolving funds/account	fondos rotatorios/cuenta rotatoria
rewarding	gratificante; provechoso; satisfactorio
rewards card	tarjeta con premios por uso
rich(ly)	profundo; elaborado; con muchas texturas
ridicule (n.)	ridículo; burla; menosprecio
ridicule (v.)	ridiculizar; poner en ridículo; burlarse; reírse
rig	plataforma; tráiler
right-handed	diestro (he/she is right-handed = él/ella es diestro/a)
ring finger	dedo anular
ringworm	tiña
riots	disturbios
rising star	estrella ascendente
rite of passage	rito de iniciación
Robert's Rules of Order	Reglas de orden de Robert
robocall	llamada robótica
rock climbing	escalar en roca
rock, paper, scissors	piedra, papel o tijera; "how-are-you-speak"
role	función; papel; participación
role model	modelo (a seguir); ejemplo; persona ejemplar
role playing	jugar el papel; actuación; imaginar que…; fingir
roll eyes	torcer los ojos/la mirada; poner los ojos en blanco
roll out	introducir; lanzar; desplegar; presentar; implementar; hacer disponible

rolling readers	lectores ambulantes
rollover	dar una vuelta; reinvertir
roof	techo
room and board	alojamiento y comida
room parent	padre voluntario del salón
rosin	colofonia
rotary phone	teléfono de disco
rotavirus	rotavirus
rote learning	aprender de memoria; memorización
roughhousing	jugar a las luchas
round up to	(math) redondear a
roundtable	mesa redonda
routine	rutina
rubella	rubéola
rug	tapete
ruler	regla
rules and regulations	normas y reglamentos
run for office	postularse para un puesto; presentar su candidatura para un puesto
run, hide, fight	correr, esconderse, luchar
runaway child	niño que huyo de su casa; niño que se fugó de su hogar
running club	club de correr
running record	registro continuo
runny nose	goteo de la nariz

S

sad	triste; lamentable
safe and secure	seguro y protegido
safe harbor	puerto seguro
safe heaven	refugio seguro
safeguard	salvaguardia; protección; garantía
safety patrol	patrulla de seguridad
safety rules	reglas de seguridad
sagging pants	pantalones holgados
salable	vendible
salutatorian	*salutatorian*; alumno *senior* con las segundas mejores calificaciones de su generación; alumno que da el discurso de bienvenida el día de su graduación
salute to teachers	reconocimiento a los maestros
sample	muestra
sampling	muestreo; muestra
sampling error	error de muestra
sanctuary city	ciudad santuario
satisfactory	satisfactorio
satisfied	satisfecho; conforme; contento; cumplido
satisfy	satisfacer; cumplir; tranquilizar; calmar; reunir lo necesario
Saturday	sábado
Saturday school	escuela sabatina; clases de sábado
save the date	apunte/aparte/reserve la fecha; marque el calendario
savings	ahorros
savvy	espabilado/despabilado; listo; astuto; perspicaz
scaffolding	andamio; andamiaje
scalable	expansible
scale score	calificación de escala (cde.ca.gov)
scam	fraude; estafa
scan	escanear; explorar cuidadosamente
scapegoat	chivo expiatorio
scar tissue	tejidos cicatricial
scare	asustar; espantar; intimidar; causar temor/miedo; aterrorizar
scavenger hunt	búsqueda de tesoros
schedule	calendario; horario; programa
scheduling	programación; fijación (de horarios, eventos, etc.)
scheme (n.)	plan; esquema; combinación
scheme (v.)	conspirar; hacer planes
scholar	erudito; académico; persona instruida
scholastic	académico

Scholastic Aptitude Test (SAT)	Prueba de Aptitud Académica
School Accountability Report Card (SARC)	Informe de Responsabilidad Escolar
school attendance	asistencia escolar
School Attendance Review Board (SARB)	Comité de Revisión de Asistencia Escolar
School Attendance Review Team (SART)	Equipo de Revisión de Asistencia Escolar
school board	mesa directiva escolar
School Board of Education	Mesa Directiva de Educación
School Choice Program	Programa de Opción Escolar
school clerical assistant	asistente oficinista escolar
school clerk	oficinista escolar
school general secretary	secretario escolar general
school of residence	escuela correspondiente a su domicilio; escuela del domicilio del estudiante
School Operation Services	Servicios para la Operación de las Escuelas
school police	policía escolar
school records	expedientes escolares/académicos
school safety plan	plan de seguridad de la escuela
school site	plantel escolar
School Site Council (SCC)	Consejo del Plantel Escolar
school supplies	útiles; materiales escolares
school to career	de la escuela a la carrera
school year	ciclo escolar; año escolar; ciclo académico; año académico
schooling	escolaridad; educación; estudios
schoolwide plan	plan para la escuela entera; plan para toda la escuela
science	ciencia
scissors	tijeras
scoop, the	la exclusiva
scooter	(nonmotorized) monopatín; patín del diablo; (motorized) motoneta
scope	alcance; ámbito; (of a weapon) mira
scope of practice	ámbito de la práctica

score (n.)	calificación; resultado; (sports) marcador
score (v.)	calificar; puntuar; apuntar/marcar los resultados; (sports) anotar; atinarle; meter gol; darle
scoreboard	marcador
scout	explorador; observador; vigilante; (sports) cazatalentos
scratch sheet of paper	hoja de papel para borrador
screen (n.)	(computer; tv) pantalla
screen (v.)	filtrar; revisar; seleccionar
screen printing	serigrafía; estampado serigráfico
screen time	tiempo de pantalla (medlineplus.gov)
screening	revisión; chequeo; prueba; análisis; investigación; filtro; (movie) proyección
scribble (n.)	garabato; mala letra
scribble (v.)	garabatear; hacer garabatos
script	guión; libreto
scroll saw	sierra de contornear
scroll up/down	(computer) desplazar hacia arriba/abajo
scrutinize	inspeccionar; observar de cerca; monitorear; investigar
seamless	perfecta; sin complicaciones
Seamless Summer Feeding Option	Opción de Alimentos de Verano Sin Interrupciones
search engine	buscador; motor de búsqueda
search warrant	orden de allanamiento
season	(of the year) estación; (sports) temporada
season's greetings	felices fiestas
second (n.)	(time) segundo; (after first) segundo
second (v.)	secundar
second language	segundo idioma
secondary school	escuela posterior a la primaria; escuela secundaria, intermedia o preparatoria; escuela de pos primaria
second-hand clothes	ropa de segunda mano/usada
securities	(finance) valores
see reverse	vea el/lea el/acuda al dorso
segregate	segregar
segregation	segregación
seismograph	sismógrafo
seizure disorder	trastorno convulsivo
select	seleccionar; escoger; elegir
self-actualization	autorrealización; auto perfeccionamiento
self-addressed, stamped envelope	sobre pre dirigido con franqueo pagado
self-awareness	autoconsciencia
self-care	cuidado propio
self-concept	auto concepto

self-confident	seguro de sí mismo; tener confianza en sí mismo
self-conscious	cohibido; apenado
self-contained	autosuficiente; independiente
self-control	autocontrol
self-directed	auto dirigido
self-esteem	autoestima
self-evaluation	autoevaluación
self-explanatory	auto explicativo; obvio; evidente
self-expression	autoexpresión
self-guidance	autodirección
selfie	*selfie*; autorretrato
selfie stick	bastón para autorretratos; bastón *selfie*
self-image	autoimagen
self-instructional	autodidáctico
selfish	egoísta
selfishness	egoísmo; interés propio
self-management	autogestión
self-motivation	automotivación
self-respect	respeto por sí mismo
self-starter	persona con iniciativa propia; emprendedor
self-sufficient	autosuficiente
self-teaching	autodidáctico
semantics	semántica
semester	semestre
semiannual	semestral
semicolon	punto y coma
senate bill	proyecto de ley del senado
senior	*senior*; estudiante de 12° grado; alumno del cuarto/último año de universidad
senior citizen	persona mayor; persona de la tercera edad
senior exhibition	exhibición de los *seniors*
senior management	gerencia de nivel superior
senior portfolio	muestra de trabajo de *seniors*
senior prank	travesura de *seniors*
seniority	antigüedad
sensitivity	sensibilidad; susceptibilidad; delicadeza
sensory overload	sobrecarga sensorial
sentence (n.)	oración; (law) sentencia; condena; veredicto
sentence (v.)	sentenciar; condenar
separation anxiety	ansiedad por separación
September	septiembre
sequential	secuencial; en secuencia
sergeant at arms	sargento de armas; ujier
serve	servir; atender; prestar servicio; fungir; funcionar
server	servidor

set (n.)	set; conjunto; juego; grupo; colección; equipo; (theater) escenario
set (v.)	poner; colocar; establecer; fijar; acomodar; arreglar; ajustar; asignar; (an example) poner el ejemplo
set forth below	detallado/indicado a continuación
setback	percance; contratiempo
setting	escenario
settle a dispute	resolver una disputa
settlement	asentamiento
set-up	instalar; montar; establecer; erigir; acomodar; abrir (un negocio); preparar
severance pay	indemnización por despido
severely disabled	con discapacidades severas
sex	sexo
sex offender	agresor sexual
sex trafficking	trata de personas con fines de explotación sexual
sexting	*sexting*; enviar textos sexuales
sexual harassment	acoso sexual; hostigamiento sexual
sexual orientation	orientación sexual
sexual predator	depredador sexual
shadow	sombra; seguir de cerca
shame	vergüenza; pena; deshonra; remordimiento; lástima; desgracia
shank/shiv	(knife) punta hechiza
share	(an object) compartir; prestar; (a story) contar; relatar; decir
shared decision-making	toma de decisiones compartida/colaborativa
share-out	compartir información
sharpener, pencil	sacapuntas
sharply	marcadamente
sheet metal	metal laminado
shelter	albergue; refugio
shelter in place	refugiarse sin evacuar; refugiarse donde se encuentra uno; permanecer protegido donde esté
sheltered English	inglés contextualizado
shift	(work) turno; (change) variación; cambio; movimiento
shoelaces	agujetas; cordones de zapatos
shooting	balacera; tiroteo
shop	tienda; taller
short attention span	lapso de atención corto
short sale (of a home)	venta al descubierto
shortage	escasez; falta
shortfall	déficit; deficiencia
short-lived	breve; de corta duración; efímero

short-term	a corto plazo
shout-out, to give a	dar reconocimiento; agradecer; mandar un saludo
show	show; espectáculo; presentación; función; obra; programa; demostración
show and tell	mostrar y compartir
show of hands	a mano alzada
showcase	(event) exposición; exhibición; (display case) vitrina; escaparate
shrewd	astuto; sagaz
shy	tímido; penoso; vergonzoso
sick day	día de incapacidad por enfermedad; "día de enfermedad"; día de reposo
sick leave	licencia por enfermedad; licencia de incapacidad por enfermedad
sickle cell (anemia)	célula falciforme (anemia drepanocítica)
side effect	efecto secundarios
sidebar conversation	conversación paralela
sight words	palabras a la vista
sign in	registrarse; firmar de entrada; (comp.) iniciar sesión; entrar/ingresar al sistema
sign language	lengua de señas (nad.org); lengua de señas *(Mex.)*; lengua de signos *(Esp.)*
sign out	firmar de salida; (comp.) cerrar sesión; salir del sistema
signature	firma
silkscreen (n.)	serigrafía
silkscreen (v.)	serigrafiar
silly	tonto; absurdo (act silly = actuar de manera absurda)
silly string	serpentinas en aerosol
silly things	tonterías
similar school ranking	clasificación de escuelas similares
simile	símil
sing-along	canto a coro
single out	señalar; seleccionar; singularizar; distinguir; discriminar
single subject teaching credential	acreditación de maestro de una sola materia
single-family dwelling	vivienda unifamiliar
Single-Track Year Round School	Escuela de Año Continuo de un Solo Ciclo
sissy	collón; marica; cobarde
sit out	no participar
site	plantel; emplazamiento; lugar; sitio; escuela
Site Advisory Council	Consejo Asesor del Plantel

site tech	técnico del plantel
skate shoes	zapatos patines; *heelys*
skateboard	patineta
skates	patines
sketch	diseño; bosquejo; esbozo; dibujo; croquis; (acting) sketch; obra breve
skewness	asimetría
skillful	hábil; diestro
skills	destrezas; habilidades; capacidades
skillset	conjunto de habilidades
skim	hojear; leer a la ligera
skip class	irse de pinta
skip counting	conteo en serie
skit	(acting) obra breve; sketch
slacker	holgazán; vago; conchudo
slash (/)	(computer) diagonal; (grammar) barra diagonal
slate ballot	lista electoral
sleazy	lascivo; de carácter dudoso; resbaloso
slide	(projection) diapositiva; (playground) resbaladilla; tobogán
sliding scale	escala móvil
slow learner	estudiante de lento aprendizaje
slum	barrio bajo; barrio pobre
small capitals	versalitas
small claims court	tribunal de reclamos menores
small schools	escuelas pequeñas/especializadas
smart	listo; inteligente
smoothly	sin problemas; sin dificultades; fácilmente
snack	botana
snobby	ser esnob; pretensioso; presumido
snow day	suspensión de clases a causa de la nieve
sober	sobrio
sociability	sociabilidad
social assistance	asistencia social
social host ordinance	ordenanza de anfitrión social
social hygiene class	clase de higiene social
social justice	justicia social
social media	medios sociales; medios de comunicación sociales
social networking	el uso de las redes sociales
social skills	habilidades sociales; don de gentes
social studies	ciencias sociales
socioeconomic status	estatus socioeconómico
socioeconomically disadvantaged	con desventajas socioeconómicas

soft cover	pasta blanda
soft skills	habilidades sociales
software	programa de computación; software
solution	solución; respuesta
solve	resolver; solucionar
Somali	somalí
somewhat functional	un poco funcional
sophomore	*sophomore*; alumno de 10° grado; alumno del segundo año de universidad
sorority	hermandad; "sororidad"
sorry, to be	lamentar; sentirlo mucho; estar arrepentido; disculparse
sort	ordenar; arreglar; separar por alguna característica
sound mind, of	en pleno uso de sus facultades mentales; teniendo uso de razón
soup kitchen	comedor popular; comedor de beneficencia
source	fuente; origen
source language	lengua fuente; lengua origen
span	periodo; lapso; transcurso; duración; envergadura; alcance
Spanish for Spanish Speakers	Español para Hispanoparlantes
spatial awareness	percepción espacial
speak out	no quedarse callado; opinar; quejarse
speak up	hablar más fuerte; asegurar que uno se escuchado; defender algo
speaker	orador; ponente; (sound system) bocina
speaking and listening	hablar y escuchar
special education assistant/technician (SEA/SET)	asistente/técnico de educación especial
Special Education Early Childhood Program (SEEC)	Programa de Educación Especial para la Primera Infancia
spectrum	espectro; gama; rango
speech	el habla; discurso; (class) oratoria
speech and hearing services	servicios del habla y audición
speech and hearing specialist	especialista del habla y audición
speech impaired	con impedimentos del habla
speech problems	problemas del habla
speech therapist	terapeuta del habla; logopeda
speech therapy	terapia del habla; logopedia
spell	deletrear

spell check(er)	corrector ortográfico
spelling	ortografía; deletreo
spending freeze	congelamiento de gastos
spiral notebook	cuaderno/libreta de espiral
spoiled	consentido; chiqueado; mimado; malcriado; malacostumbrado; maleducado
sponsor	patrocinador; patrocinar; auspiciar
sponsorship	patrocinio
spot check	revisión repentina
spotlight (v.)	destacar
spread	(disease) propagar; propagación
spread the word	correr la voz
spreadsheet	hoja de cálculo
spring break	vacaciones de primavera; vacaciones de semana santa
squad	escuadra
square dance	baile en cuadrilla
stab	apuñalar
staff	personal; (music) pentagrama
staff development	capacitación del personal (staff developers = capacitadores del personal)
staff lounge	comedor del personal
staffing	dotación de personal
stage	escenario; plataforma
Stages of Grief	Etapas del duelo
staging area	área de preparación/encuentro
stair	escalera
stakeholders	las partes interesadas; los interesados/que tienen algún interés; los participantes interesados; beneficiarios
stalker	acosador; acechador
stalking	acechar; seguir a alguien constantemente con malas intenciones
stall	compartimiento (bathroom stall = compartimiento del baño)
stamina	resistencia; vigor; aguante
stand (n.)	(booth) puesto
stand (v.)	estar/ponerse de pie; pararse
stand corrected, to	retractarse; aceptar la corrección; retirar lo dicho
standard (n.)	estándar; norma; criterio; nivel; ejemplo; modelo
standard (adj.)	estándar; regular; común; convencional; habitual
standard credential	acreditación regular
standard deviation	desviación estándar
standard exceeded	estándar superado
standard met	estándar satisfecho
standard nearly met	estándar casi satisfecho
standard not met	estándar no satisfecho
standard of living	nivel de vida

standardization	estandarización
standardized testing	pruebas estandarizadas
Standardized Testing and Repoting (STAR) Program	Programa de Exámenes y Reportes Estandarizados (cde.ca.gov)
standards	(educ.) estándares (cde.ca.gov)
standards of conduct	normas de conducta
standards-based	basado en los estándares
standing committee	comité permanente
Stanford Achievement Test, 9th Edition (SAT/9)	Prueba Stanford de Aprovechamiento, 9ª Edición
stanine	escala normalizada del nueve; puntuación/calificación estanina
staple (n.)	grapa
staple (v.)	engrapar
staple remover	quitagrapas; sacagrapas
stapler	engrapadora
start time	hora de inicio/de comienzo/de entrada
starts and stops	a trompicones
state (n.)	estado; nivel; condición
state (v.)	declarar; exponer; indicar
state assembly person	integrante de la asamblea estatal; congresista estatal
State Board of Education	Mesa Directiva Estatal de Educación
State Education Agency (SEA)	Agencia Educativa Estatal
state of the art	de alta tecnología; moderno; último modelo
state of the nation address	informe del estado de la nación
State Superintendent of Public Education	Superintendente de Educación Pública del Estado
statement	declaración; comunicado; relato; exposición; indicación; estado de cuenta
statewide	en todo el estado
static	estático; sin movimiento; invariable
stationery	papel carta; artículos de escritorio/oficina
statistics	estadísticas; (class) estadística
status	estatus; estado; condición; nivel; categoría
statutory	estatutario; reglamentario
statutory rape	estupro

steering committee	comité directivo
stem cell research	investigación con células madre
step father/mother	padrastro/madrastra
steps	pasos; (stair) escalones
steward	administrador; encargado
sticker	calcomanía; etiqueta adhesiva
sticker price	precio de etiqueta
stimulativity	condición de poder ser estimulado
stimulus	estímulo; incentivo
stink bomb	bomba de olor/fétida
stipend	estipendio
stock (n.)	(inventory) suministro; existencia; inventario
stock (v.)	surtir; abastecer; llenar; reponer
stock paper	cartulina
stole	(graduation attire) estola
stool (loose, solid, etc.)	heces (blandas, sueltas, firmes, sólidas, etc.)
stool sample	muestra de heces
story telling	narración de cuentos
story time	hora de los cuentos
storyboard	secuencia gráfica
straight	recto; derecho; directo; (sexuality) heterosexual
strand	subcategoría
stranger danger	precaución/cuidado con los desconocidos; peligro con desconocidos
strategic sourcing	abastecimiento estratégico
strategize	crear/diseñar/idear/desarrollar/trazar/generar/formular estrategias
straw poll	sondeo
stream	(comp. delivery of audio/video) transmitir
streamline	optimizar; hacer más eficiente
strengths	fortalezas; puntos fuertes
strep throat	faringitis estreptocócica
stress (n.)	estrés; tensión; énfasis; acento
stress (v.)	enfatizar; hacer énfasis en; recalcar; estresar
strive	luchar por; esforzarse por
stroke	(medical) infarto cerebral; ataque cerebral
stroller	carriola
strongly	firmemente; intensamente; fuertemente; encarecidamente
structured English	inglés estructurado
stubborn	terco; tenaz; recalcitrante; persistente
stuck	atorado; atascado
student	estudiante; alumno
student achievement	rendimiento/aprovechamiento estudiantil; resultados estudiantiles

student body	cuerpo estudiantil; alumnado
student council	consejo estudiantil
student housing	vivienda estudiantil; alojamiento estudiantil
student information system site technician	técnico del plantel del sistema de información estudiantil
student learning center	centro de aprendizaje estudiantil
student loans	préstamos para estudiantes; préstamos estudiantiles
student placement and support	asignación y apoyo estudiantil
student population	población estudiantil
student profile	perfil del alumno
student records	expedientes/documentos estudiantiles
Student Study Team (SST)	Equipo de Estudio Estudiantil
student teacher	maestro practicante; normalista
studious	aplicado; estudioso
studs (on clothing)	estoperoles
study hall	clase de estudio
stuffed animal	animal/mono de peluche
stuffed/plush doll	muñeco de peluche
stuffy nose	nariz congestionada
stump	(baffle) confundir; desconcentrar; dejar perplejo; dejar sin respuesta
stun gun	pistola eléctrica; pistola paralizante
stutter (n.)	tartamudeo
stutter (v.)	tartamudear
stutterer	tartamudo
subgroup	subgrupo
subject	materia; (grammar) sujeto
subject area	materia; área temática
subject matter	materia objeto
subject to change	sujeto a cambios
subjunctive	subjuntivo
submissions	contribuciones; presentaciones
submit	entregar; presentar; enviar; hacer llegar; llevar
subsidiarity	subsidiariedad; control local
subsidiary (n.)	sucursal; filial
subsidiary (adj.)	subsidiario; secundario
subsidized	subsidiado; con subsidio; subvencionado
substance abuse	abuso de sustancias
substitute teacher	maestro suplente
subtest	subprueba; prueba en áreas específicas
subtraction	resta; restar; substracción

success rate	tasa/índice/nivel de éxito
succession	sucesión
successor	sucesor
suitable	apropiado; adecuado; apto; compatible; indicado; bueno
summary	resumen; reseña
summative assessment	evaluación sumativa
summer break	vacaciones de verano
Summer Bridge Program	Programa de Puente de Verano
summer school	escuela de verano; clases de verano
summer slide/melt	resbalón/derretimiento de verano; pérdida de aprendizaje durante el verano; desaprendizaje de verano
summit	(meeting) cumbre
sunblock	bloqueador solar
Sunday	domingo
sunglasses	lentes/anteojos para el sol
sunscreen	protector solar
sunset	(expiring) limitado; transitorio; (clause) cláusula de caducidad
superintendent of public instruction	superintendente de instrucción pública
superiority complex	complejo de superioridad
supervising administrative assistant	asistente administrativo supervisor
supplant	suplantar
supplemental services	servicios suplementarios
supplies	materiales; provisiones; surtido
support personnel	personal de apoyo; personal auxiliar
supporter	simpatizante; partidario, aficionado; seguidor; que apoya; defensor
supporting records	documentación adicional; documentos acreditativos/que respaldan
supportive	de apoyo; servicial; solidario; comprensivo
supreme court	suprema corte
surplus	sobrante; excedente
surrogate	sustituto; suplente
surrogate mother	madre de alquiler; madre gestante; madre suplente
surround sound	sonido envolvente
survey	encuesta; averiguación
suspend	suspender
suspended	suspendido
suspension	suspensión

sustainability	sostenibilidad
sustainable	sostenible
swab, cotton	hisopo
swamped	inundado; desbordado; (figurative) ocupadísimo; saturado; abrumado; agobiado
swing	columpio
syllabication	silabeo
syllable	sílaba
syllabus	temario; plan de estudio
symbolism	simbolismo
sympathy	simpatía
symposium	simposio
synergy	sinergia
synonym	sinónimo
Syrian	sirio
systematic	sistemático
systemic	sistémico

T

tab	(computer page marker) pestaña; (computer key) tabulador
table an item	posponer
table of contents	índice
tackle	(sports) tacleo; enfrentar
tacky	corriente; de mal gusto; vulgar; sin estilo
tag, to play	jugar a "las traes"
tagger	grafitero; *tagger*
tailored	hecho a las necesidades; hecho a la medida; personalizado
take a knee	arrodillarse/ponerse sobre una rodilla
take action	tomar medidas; actuar; proceder; reaccionar; entrar en acción
take attendance	pasar lista
take for granted	dar algo por hecho; no apreciar algo; no saber agradecer algo
take office	asumir un cargo; tomar posesión de un cargo
take sides	tomar partido; estar del lado de alguién
tale	cuento; historia; relato
talent show	show de talentos
talk amongst yourselves	platiquen(lo); dialoguen(lo); discutan(lo); conversen; hablen al respecto/entre ustedes
talk show	programa de entrevistas
talk to each other	comunicarse; hablar; platicar; conversar
talking piece	(in restorative circles) pieza para hablar
talking points	puntos de discusión
tampon	tampón
tantrum	berrinche
tape	cinta adhesiva
tape dispenser	despachador de cinta adhesiva
tapeworm	tenia
tardiness	tardanza
tardy	retardo; llegar tarde
tardy bell	timbre/campana de retardo
tardy slip	pase de retardo; nota de retraso; permiso por llegar tarde
target	blanco; objetivo; propósito; meta; fin; enfoque
target growth	meta de progreso
target language	lengua meta; lengua de llegada
targeted	específico; identificado; determinado; participante
Taser (gun)	pistola Taser; pistola eléctrica; pistola paralizante
task	trabajo; deber; labor; tarea; obligación

task force	fuerza especial; fuerza de trabajo; cuerpo especial; comisión especial
tassel	borla
tattle, to	acusar; delatar; denunciar; chismear; andar de chismoso
tattletale	soplón; chismoso; el que le cuenta a una persona de autoridad lo malo que alguien más hizo
taunt (n.)	burla
taunt (v.)	hacer burla; burlarse
tax and revenue anticipation notes	notas de anticipación de impuestos e ingresos
tax deductible	deducible de impuestos
tax deferral	aplazamiento de impuestos
tax exempt	exento de impuestos; no gravable
tax free	libre de impuestos
tax return	declaración de impuestos
taxable	que está sujeto a impuestos; gravable (taxable property = propiedad gravable)
teach	enseñar; instruir; educar; impartir/dar clase
teacher	maestro
teacher appreciation week	semana de reconocimiento al maestro
teacher educator	educador de maestros; profesor de la normal
teacher placement	asignación de maestros
teacher's aide/assistant (TA)	ayudante/asistente de maestro
teacher's pet	el consentido/favorito del profesor/maestro
teachers' lounge	comedor de los maestros
teaching aid	algo que ayuda para la enseñanza
teaching credential	acreditación de maestro
team	equipo
team building	fomentación del espíritu de grupo
teamwork	trabajo en equipo; colaboración
tease	(annoy) molestar; burlarse; bromear; tentar; provocar; vacilar; incitar; jugar; cotorrear (Mex.)
teasing	burlas; bromas; provocación; incitación; cotorreo (Mex.)
techie	tecnólogo; aficionado de la tecnología
technical/tech. support	apoyo técnico
technician (tech)	técnico
technology	tecnología
teen dating violence	violencia entre novios/parejas de adolescentes
teenager	adolescente
televised	televisado
template	formato; plantilla
temporal awareness	percepción temporal

temporary disabilities	discapacidades temporales
tenant	inquilino; arrendatario
tenet	principio; doctrina; creencia; dogma
tentative	tentativo; provisional
tenure	puesto permanente; cargo vitalicio
term	término; periodo; plazo; tiempo; (of office) periodo de gestión; mandato
term life insurance	seguro de vida a tiempo fijo
test tube	probeta
tetanus	tétano
texting	envío de mensajes de texto
thankful	agradecido
Thanksgiving Day	Día de Acción de Gracias
the "ayes"/"nays" have it	el voto es a favor/en contra
theater	teatro
theoretical framework	marco teórico
thesaurus	tesauro; diccionario de sinónimos
things are underway	el plan se está llevando a efecto
think	pensar
think tank	tanque de ideas; grupo de expertos/de ideas
thinking skills	habilidades del pensamiento/razonamiento
thoughtful	atento; amable; considerado; pensativo; reflexivo
thoughts	pensamientos; reflexiones; ideas; opiniones; sugerencias
threat	amenaza; peligro; riesgo; intimidación
threshold	umbral; límite; entrada
thrive	prosperar
through	por medio de; a través de
throughout	a lo largo de; a través de; durante; de arriba a abajo; por todo el…
throw away	tirar a la basura; desperdiciar
thrust	empujar; forzar; dar enfoque
thumb	pulgar
Thursday	jueves
tickler file	carpeta de pendientes
tide pool	marisma
tiered	escalonado
tile	(floor) baldosa; losa; (roof) teja; (ceiling) panel/placa de techo
time card	"tarjeta de tiempo"; ficha de control; tarjeta de marcar
time chart	cronograma
time out	tiempo de aislamiento disciplinario; castigo aislado; descanso; pausa

time sheet/timesheet	hoja de asistencia; hoja de tiempo; hoja de horas (trabajadas)
timed test	prueba con límite de tiempo
timekeeper	cronometrador
timeline	cronología; línea de tiempo; límite/periodo/marco de tiempo
timely	oportuno; puntual; a tiempo
timely manner, in a	oportunamente, de manera oportuna; puntualmente; sin demoras; con prontitud
tips	consejos
tissues	pañuelos desechables
title	título
to be announced	será anunciado; se anunciará
to be continued	continuará
to be determined	a/por determinarse; será determinado; pendiente; por confirmarse
to the best of my knowledge	a mi leal saber y entender
toddler	niño que empieza a caminar
toilet paper	papel higiénico; papel de baño; papel sanitario
toilet-trained	que sabe ir al baño sólo; que puede usar el baño sólo
token	fichas (bus tokens = fichas para el autobús)
toolbar	barra de herramientas
toolkit for students	manual para estudiantes
tooth	diente
tooth fairy, the	el ratoncito (de los dientes)
toothache	dolor de muelas
toothpaste	pasta de dientes
top priority	de máxima prioridad
topic	tema
topic sentences	oraciones temáticas
tops	(clothing) prendas/ropa de la cintura para arriba
touch cue	indicación táctil
tough love	amor duro; amor con firmeza
tour	recorrido; viaje; paseo
town council	concejo (municipal); ayuntamiento
town hall meeting	foro público
trace (n.)	pista; huella; rastro
trace (v.)	calcar; rastrear; seguir la pista
trace amounts	cantidades traza
track	ciclo del año escolar; (race) pista; (train) vía
track print	seguir lo escrito
tracking	agrupar por nivel; rastrear
trade	oficio; profesión; trabajo; (business) comercio
trade school	escuela de oficios
trading cards	tarjetas de colección
traditional calendar	calendario (escolar) tradicional

trainee	aprendiz
trait	característica; rasgo; cualidad; atributo; aspecto; facción
transcribe	transcribir
transcript	certificado/constancia de estudios
transcription	transcripción
transfer	traslado; (financial) transferencia
transfer student	alumno trasladado; estudiante que se traslada
transformation language drills	ejercicios de transformación para el estudio de la lengua
transgender	transgénero
transience	transitoriedad; fugacidad; temporalidad
transient (n.)	transeúnte; (homeless) persona sin hogar; vagabundo
transient (adj.)	transitorio; temporal; pasajero
transitional kindergarten	kínder de transición
translate	traducir
translation	traducción
translator	traductor
transparencies	transparencias; diapositivas
transparent	transparente
transphobia	transfobia
transphobic	transfóbico
transsexual	transexual
trash	basura
trash can	bote de basura
trauma-informed school	escuela informada sobre el trauma
trauma-sensitive	sensible al trauma
travel expenses	viáticos
traveling teacher	maestro que sirve a más de una escuela
tray	charola
tread water	mantenerse a flote; tratar de no hundirse
trend	tendencia; moda
triad	tríada
trick (n.)	truco; trampa; engaño; broma; estafa
trick (v.)	engañar; hacer/jugar un truco; estafar
tricky	complicado; difícil; delicado; con maña
trimester	trimestre
tripod	trípode
troubled child	niño con dificultades
troubleshoot	detectar y resolver problemas
troublesome	latoso; problemático; fastidioso; molesto
truancy	ausentismo
truant	absentista
true north (fig.)	meta verdadera; objetivo exacto/preciso

trump (v.)	vencer; ganarle a algo; superar; sobrepasar; tener más importancia
trust	confianza; (property) fideicomiso
trustee	fideicomisario; administrador; directivo; integrante
trusting (adj.)	confiado; que confía fácilmente en alguien/algo
trustworthy	confiable; digno de confianza; de fiar
try-outs	pruebas (de selección); audición
tuberculosis (TB) clearance	comprobante de estar libre de tuberculosis
Tuesday	martes
tug-of-war	juego de tirar a la cuerda
tuition	matrícula; colegiatura
tumbling	dar maromas
tune out	desconectarse
tuning slide	(instrument) bomba de afinación
turn the tables	invertir la situación; pagar con la misma moneda; darle de su propia medicina
turnout (n.)	cantidad/número de personas presentes; asistencia; asistentes; concurrencia
tutoring	tutoría; clases particulares
tween	preadolescente
two-way	recíproco; bidireccional
type (v.)	escribir a máquina/en computadora; escribir con teclado; teclear
typography	tipografía
typos	errores tipográficos

U

U.S. Department of Education	Depto. de Educación de EE.UU.
ubiquitous	ubicuo
ultimate	definitivo; máximo
umbrella organization	organización cúpula; organización rectora; organización paraguas
unaccompanied	no acompañado; solo
unachievable/unattainable	inalcanzable; imposible de realizar
unaffordable	inasequible
unappropriated	no asignado
unattended	abandonado; sin supervisión/atención/cuidado
unbiased	imparcial; justo
uncommon	poco común; raro; fuera de lo común
uncooperative	que no coopera; poco cooperativo; (device) que no funciona
underachiever	estudiante que no rinde al nivel previsto; estudiante que no rinde al estándar establecido
underage drinking	consumo de alcohol por menores de edad
underclassman	estudiante que cursa uno de los dos primeros grados de preparatoria o universidad
undergraduate course	curso para obtener la licenciatura
undergraduate degree	licenciatura universitaria
undergraduate student	estudiante universitario/de licenciatura
underground	subterráneo; clandestino
underlying reasons	razones subyacentes; razones ocultas
underpin	tener como base
underrepresented	que carece de representación; insuficientemente representado; sin representación apropiada; con poca representación
underserved	que carecen de servicios
undersigned, the	el suscrito; el que suscribe; el infrascrito; el abajo firmante
understand	entender; comprender
underutilize	infrautilizar; desaprovechar
underway	en progreso; empezando; en marcha
underwrite	financiar; asegurar
underwriter	asegurador
undocumented immigrant	inmigrante indocumentado
uneducated	sin educación; inculto; analfabeto
unemployment	desempleo

unemployment rate	tasa de desempleo
unencumbered	libre de cargas/responsabilidades
uneven	desigual; desnivelado; inconsistente; injusto; irregular
unexcused absence	ausencia injustificada
ungraded	sin calificar
unhappy	triste; infeliz; insatisfecho
unhygienic	antihigiénico
uniform	uniforme
uniform complaint procedure	procedimiento de quejas uniformes
uninsured	sin seguro
unintelligible	ininteligible; incomprensible
union	sindicato
uniqueness	singularidad
unison, in	al unísono
units of inquiry	unidades de indagación/investigación
unity	unidad; solidaridad
unkempt	desaseado; desordenado; descuidado
unkind	poco amable; desagradable; cruel
unknown	desconocido; se desconoce; no se sabe; ignoto
unless otherwise noted	a menos que se indique lo contrario
unlikely	inverosímil; poco probable
unofficial	extraoficial; no oficial
unpaid	sin pagar; no pagado; falta de pago; (leave) sin goce de sueldo
unprecedented	sin precedentes
unpredictable	imprevisible; impredecible
unrest	inquietud; disturbio
unrestricted budget	presupuesto sin restricciones
unsatisfactory	insatisfactorio
unselfish	desinteresado; generoso; altruista
unselfishness	desinterés; generosidad; altruismo
unsettled	sin resolver; irresoluto; inquieto; inestable
unstable	inestable; poco estable
unsubsidized	no subsidiado; sin subsidio; no subvencionado
untucked shirt	camisa sin fajar
unusual	inusual; extraño; diferente; fuera de lo corriente
unwilling	reticente; reacio; poco/no dispuesto
upbringing	crianza; educación; formación
upcoming	próximo; futuro; inminente
update	actualizar; poner al día; modernizar; mantener al tanto
upgrade	subir de categoría; adelantar; ascender; mejorar; modernizar; actualizar

uphold	defender; apoyar; sostener; mantener; cumplir
upload	subir; cargar
upon request	a solicitud de; disponible bajo pedido; a petición de
upper grades	grados superiores/finales de la escuela; últimos grados de la escuela
upper quarter	trimestre superior
uppercase letter	letra mayúscula
upperclassman	estudiante que cursa uno de los dos últimos grados de preparatoria o universidad
uprooted	desarraigado
upset	molesto; enojado; descontento
urge	instar; insistir
urinal	mingitorio
user	usuario
user-friendly	fácil de usar
utilities	servicios públicos
utility bill	factura de servicios públicos (statement = estado de cuenta)

V

vacancy	vacante; puesto/plaza vacante
vacate	desalojar
vaccine	vacuna
vacillate	dudar; vacilar
vague	nada claro; confuso; indeciso
vain	(person) vanidoso
valedictorian	*valedictorian*; alumno *senior* con las mejores calificaciones de su generación; alumno que da el discurso de despedida el día de su graduación; el mejor de su generación
valuable	valioso; de valor; costoso
value	valor (sentimental value = valor sentimental)
vandalism	vandalismo
vandalize	vandalizar
variable language dominance	dominio variable de idiomas
varicella	varicela
vegan	vegano
vegetarian	vegetariano
vegetarianism	vegetarianismo
vegetative	vegetativo
venereal disease (VD)	enfermedad venérea
vent	(emotions) desahogarse
verb	verbo
verb tense	tiempo verbal
verbalize	verbalizar; expresar con palabras
verbatim	palabra por palabra; textual
verdict	veredicto; decisión
Vernacular	lengua vernácula
vertical alignment	alineación vertical
vertical teaming	equipos verticales
vested	establecido en; conferido en; (interest) interés particular/personal
Veterans' Day	Día de los Veteranos
viable	viable; posible; factible; capaz de vivir
vice principal	subdirector
Vietnamese	vietnamita
viewpoint	punto de vista
violation of a law	violación de una ley; incumplimiento de una ley; quebrantamiento de una ley; transgresión

virginity	virginidad
virtual reality	realidad virtual
visioning	desarrollo de una visión; actividades visionarias
visual aid	ayuda visual
visual arts	artes visuales
visual impairment	impedimento visual
visual tracking	seguir con la vista
vital signs	signos vitales
vocation	vocación; oficio; carrera
vocational education	educación vocacional
voice at the table, to have a	tener una voz en los diálogos/en la mesa de negociaciones
voice mail	correo de voz; mensaje de voz (voice mailbox = buzón de voz)
void (adj.)	nulo; inválido; anulado; sin validez; carente
void (n.)	vacío; espacio vacío; hueco
void (v.)	anular; invalidar; evacuar; vaciar
voidable	anulable
volatility	volatilidad; volubilidad; inestabilidad
Voluntary Enrollment Exchange Program (VEEP)	Programa de Intercambio de Inscripción Voluntaria
volunteering	trabajar como voluntario; prestar servicio voluntario
volunteerism	voluntariado
vomit (n.)	vómito
vomit (v.)	vomitar; volver el estomago
vote by ballot	voto por papeleta
vote by hand	voto a mano alzada
vote of no confidence	moción de censura
voter's guide	guía para el elector
voting item	asunto/tema para votación
voucher	comprobante; vale; factura; recibo
vow	juramento; promesa
vowel	vocal
vulnerability	vulnerabilidad; punto débil

W

wage scale	escala salarial
waiting list	lista de espera
waiting pool	grupo de espera
waive	renunciar; retirar; no aplicar; perdonar; dispensar; liberar de responsabilidad
waiver	exención; indulto; renuncia; dispensa; perdón; exoneración; liberación de responsabilidad
waiver request form	formulario de exención
waiver teacher	maestro con permiso especial
walk-a-thon	mini maratón
walking club	club de caminar
walk-through	visita; recorrido; ronda; observación
wander	divagar; vagar; pasear
wanderlust	tendencia a andar vagando
wannabe	persona que aspira a ser algo; persona que se cree/se las da de algo que no es
wanted	deseado; querido; esperado; buscado
ward of the court	menor bajo la protección de un tribunal
warm-up questions	preguntas de calentamiento; preguntas de preparación
warning signs	señales de advertencia
warrant (n.)	autorización; orden judicial; (arrest) orden de arresto
warrant (v.)	garantizar
wash your hands	lávate las manos
wasted	desperdiciado; (to get ...) ponerse hasta el gorro/hasta las manitas/pedo; empedarse
watch list	lista de vigilancia
water faucet	llave del agua
water fountain	bebedero
watercolor	acuarela
watershed	cuenca hidrográfica
watershed moment	momento clave; punto significante
wavering	indeciso; vacilante
ways and means	medios y arbitrios
We, the people...	Nosotros, el pueblo...
weakness	debilidad; punto débil
wear out	desgastar; gastar; usar; agotar; cansar; fatigar; acabarse
web design	diseño web
web site/page	sitio web; página de Internet
Wednesday	miércoles
week	semana

weekday	día de la semana; entre semana; día laboral
weekend	fin de semana
weight	peso; (burden) carga; importancia; (dumbbell) pesa
weighted average	promedio ponderado/compensado
welcome, to	dar la bienvenida; recibir; apreciar; agradecer; permitir; poder hacer/seguir haciendo algo; sentirse libre de
welcoming environment	entorno acogedor
welfare	bienestar; (government benefits) asistencia pública; (child welfare) servicios de protección infantil
Welfare to Work Program	Programa de Transición de la Asistencia Pública al Trabajo (cdss.ca.gov)
well done!	¡bien hecho!; ¡buen trabajo!; ¡muy bien!
well-balanced diet	dieta bien balanceada
well-being	bienestar
well-rounded	equilibrado; centrado; polifacético; educado; informado
western BBQ	parrillada vaquera/estilo oeste
wetlands	humedales
whatever	(slang expression) no me importa/interesa; lo que digas; cómo quieras; cómo veas; ni modo; en fin
whereas	considerando que; visto que
whine	lloriquear; gemir
whistle (n.)	silbato; silbido; chiflido; silbatazo; pito
whistle (v.)	silbar; chiflar; pitar
whiteboard	pizarrón blanco; pintarrón
whiteout	corrector líquido
whole child	niño entero; niño en su totalidad; niño en su plenitud
whole milk	leche entera
whole number	número entero
whooping cough	tos ferina
Wide Area Network (WAN)	Red de Área Amplia
wide-ruled paper	papel de doble raya
widespread	extendido; amplio; esparcido; generalizado
width	anchura; el ancho
will	voluntad
willfully	intencionalmente; por su voluntad; a propósito
willing	estar dispuesto
wimp	debilucho; dejado
wind energy/generation	energía/generación eólica
window	(period of time) periodo/margen de tiempo; plazo; momento oportuno; oportunidad
winter break	vacaciones de invierno

win-win situation	situación de mutuo beneficio; situación donde todos ganan
wipes	toallitas (húmedas)
wired	(figurative) innato; programado
wireless	inalámbrico
wisdom	sabiduría; juicio
wise	sabio; inteligente; prudente
wit	ingenio; agudeza; agilidad mental; inteligencia; buen juicio; humor
withdraw	retirar; sacar; abandonar; retirarse; retraerse
withdrawal symptoms	síntomas de abstinencia
withdrawn person	retraído; tímido; introvertido
withhold	retener; detener; privar; negar
witness (n.)	testigo
witness (v.)	presenciar; ser testigo; atestiguar
witty	ingenioso; listo; inteligente; de mente aguda/ágil; ocurrente; gracioso
wood shop	clase de carpintería; taller de carpintería
wooding	elaboración de la madera
woodwind instrument	instrumento de viento madera
woodworking	carpintería; ebanistería
word problem	problema de palabras; problema redactado
word processing	procesamiento de texto
word processor	procesador de texto
wordsmithing	redacción; formulación del mensaje; elaboración de las palabras
work (n.)	trabajo; labor; (employment) empleo; profesión
work (v.)	trabajar; laborar; (function) funcionar; servir; (operate) operar; usar; manejar
work closely	trabajar en estrecha colaboración
work hard	trabajar duro; trabajar arduamente; echarle ganas
work in progress	trabajo en curso/desarrollo
work permit	permiso para trabajar; permiso de trabajo
work study program	programa de trabajo para estudiantes; programa de trabajo-estudio
workbook	libro de trabajo; libro de ejercicios
workers' compensation	compensación para el trabajador (osha.gov); indemnización por accidentes laborales
working days	días hábiles; días laborales
working families	familias trabajadoras
workplace	lugar de trabajo
workshop	taller de trabajo
workspace	espacio/área de trabajo
world language	idioma mundial

worm composting	compostaje con lombrices; lombricultura (para producir lombricompuesto)
wormhole	(astrology) agujero de gusano; agujero de lombriz
worried	preocupado; inquieto; angustiado
worthless	sin valor; inútil; valer nada; despreciable
worthy	digno; merecedor; meritorio; valioso; respetado; respetable; (cause) noble; buena
wound	herida; daño
wraparound services	servicios suplementarios
wristband	brazalete; pulsera
write	escribir; redactar
write up	reportar; anotar
write-in candidate	candidato no registrado/por escrito
writing	escritura; redacción
writing prompt	tema de escritura/redacción
writing utensil	utensilio para escribir; algo con qué escribir
wuss(y)	"sacatón"; gallina; llorón; chillón; cobarde

X

xenomania	xenomanía
xenophobe	xenófobo
xenophobia	xenofobia
xeriscaping	jardinería xerofítica; xerojardinería
xerographic	xerográfico
xerox, to	hacer una fotocopia
X-rated	clasificado X; sólo para adultos; pornográfico
xylophone	xilófono

148

Y

yapping	hablar sin cesar (Quit yapping! = ¡Cierra el pico!)
yard	(measurement) yarda; (garden) jardín; patio
yard sale	venta de garaje; venta de segunda
yardage	metraje; *yardaje*
yardstick	regla de una yarda; vara de medir; criterio
yarn picture	imagen hecha con estambre
Yeah!	¡Sí!; ¡Claro!; ¡Vamos!; ¡Eso es!; ¡Así se hace!; ¡Qué bien!; ¡Sip!; ¡Sipi!; ¡Qué padre!; ¡Genial!; ¡Arriba!
year	año
yearbook	anuario
year-end balance	balance de fin de año
yearly	anual; anualmente
yearning	deseo; ansia; anhelo
year-round school	escuela de ciclo/año continuo
yell	gritar; chillar
yield	producir; rendir; (right of way) ceder el paso
young	joven
youngster	jovencito; chico; joven
your best, do/try	haz tu mejor/máximo esfuerzo; trata de/intenta hacerlo lo mejor que puedas
yourself, by	tú solo; por tu cuenta; por ti mismo
youth	joven; jóvenes; juventud
youth hostel	hostal juvenil; albergue para jóvenes
youthful	juvenil; joven
Yuck!	¡Qué asco!; ¡Fuchi!; ¡Guácala!
yucky	asqueroso; (to feel yucky) sentirse mal/enfermo

Z

zany	chiflado; loco; alocado; locamente divertido
zeal	entusiasmo; fervor
zero in on something	enfocarse/centrarse en algo
zero point	punto cero
zero sum	suma cero
Zero Tolerance Policy	Política de Cero Tolerancia
zigzag (v.)	zigzaguear
Zimmerman Preschool Language Scale	Escala Zimmerman del Lenguaje en Preescolar
zip code	código postal
zip ties	amarres de plástico
zone	zona
zoning rules	reglamentos de zonificación
zoom	aumentar; hacer un acercamiento; ver más de cerca; enfocarse/concentrarse en algo
zoophobia	zoofobia

ACRONYMS, INITIALS, AND ABBREVIATIONS

#	Hashtag; Number Sign; Pound Sign; Tic-Tac-Toe	*Hashtag*; Numeral; Signo de Número; Etiqueta de Almohadilla; Signo de Gato
@	At	Arroba
A		
AA	Alcoholics Anonymous	Alcohólicos Anónimos
AA	Associate in Arts Degree	Título Universitario de Preparación Básica (cde.ca.gov)
AAE	Association of American Educators	Asociación de Educadores Americanos
AB	Assembly Bill	Proyecto de Ley de la Asamblea
ACA	Affordable Care Act	Ley de Cuidado de Salud a Bajo Precio (barackobama.com)
ACCESS	Assessing Comprehension and Communication in English from State to State	Evaluando la Comprensión y la Comunicación en Inglés de Estado a Estado
ACCS	Advisory Commission on Charter Schools	Comisión Asesora de Escuelas Autónomas
ACG	Academic Competitiveness Grant	Beca de Competitividad Académica
ACLU	American Civil Liberties Union	Unión Americana de Libertades Civiles (aclu.org)
ACP	Accelerated College Program	Programa Universitario Intensivo
ACSA	Association of California School Administrators	Asociación de Administradores Escolares de California
ACT	American College Test	Prueba para Universidades Estadounidenses
ACTFL	American Council on the Teaching of Foreign Languages	Consejo Americano para la Enseñanza de Lenguas Extranjeras
ACUESP	Advisory Committee on the Utilization of Excess School Property	Comité Asesor sobre el Uso del Exceso de Propiedad Escolar
ADA	American Dental Association	Asociación Dental Americana
ADA	Americans with Disabilities Act	Ley de Estadounidenses con Discapacidades
ADA	Average Daily Attendance	Promedio de Asistencia Diaria (cde.ca.gov)
ADD	Attention Deficit Disorder	Trastorno de Deficiencia de Atención
ADHD	Attention Deficit Hyperactivity Disorder	Trastorno de Deficiencia de Atención e Hiperactividad
AED	Automated External Defibrillator	Desfibrilador Automático Externo

AEP	Alternative Education Program	Programa de Educación Alternativa
AFDC	Aid to Families with Dependent Children	Ayuda a Familias con Hijos Dependientes
AFROTC	Air Force Reserve Officers Training Corps	Cuerpo de Entrenamiento de Oficiales de la Reserva de la Fuerza Aérea (todaysmilitary.com)
AGP	Achievement Goals Program	Programa de Metas de Rendimiento
AHA	American Heart Association	Asociación Americana del Corazón
AI	Appreciative Inquiry	Indagación Apreciativa
AI	Auditory Impairment	Impedimento Auditivo
AIC	Attendance Intervention Council	Consejo de Intervención para la Asistencia
AIDS	Acquired Immune Deficiency Syndrome	Síndrome de Inmunodeficiencia Adquirida
AIMS	Arizona's Instrument to Measure Standards	Instrumento de Arizona para la Medición de los Estándares
AK	Alaska	Alaska
AL	Alabama	Alabama
ALAS	Association of Latino Administrators and Superintendents	Asociación de Administradores y Superintendentes Latinos
ALBA	Alternative Learning for Behavior and Attitude	Aprendizaje Alternativo para el Comportamiento y la Actitud
ALD	Academic Language Development	Desarrollo del Lenguaje Académico
AMA	American Medical Association	Asociación Médica Estadounidense
AMAO	Annual Measurable Achievement Objective	Objetivo Cuantificable de Progreso Anual (cde.ca.gov)
AMO	Annual Measurable Objective	Objetivo Cuantificable Anual
AP	Advanced Placement	Asignación Avanzada
AP	Associated Press	Prensa Asociada
APA	American Psychiatric Association	Asociación Psiquiátrica Estadounidense
APE	Adapted Physical Education	Educación Física Adaptada
API	Academic Performance Index	Índice de Desempeño Académico
APL	Actual Proficiency Level	Nivel Verdadero de Dominio
APP	Adolescent Pregnancy and Parenting Program	Programa de Embarazo y Crianza para Adolescentes
APR	Accountability Progress Report	Reporte de Progreso de Rendición de Cuentas

APR	Annual Percentage Rate	Tasa de Porcentaje Anual
APR	Annual Progress Report	Informe del Progreso del Sistema de Rendición de Cuentas (cde.ca.gov)
APS	Academic Program Survey	Encuesta del Programa Académico
APT	Advanced Placement Testing	Prueba de Asignación Avanzada
AR	Arkansas	Arkansas
ARELL	At Risk English Language Learner	Aprendiente del Idioma Inglés en Riesgo
ARI	Analytical Reading Inventory	Inventario Analítico de la Lectura
ARRA	American Recovery and Reinvestment Act	Acta de Recuperación y Reinversión Americana (irs.gov)
ASAM	Alternative Schools Accountability Model	Modelo de Rendición de Cuentas de Escuelas Alternativas
ASAP	As Soon as Possible	Lo Más Pronto Posible; Cuanto Antes
ASB	Associated Student Body	Cuerpo Estudiantil Asociado
ASCA	American School Counselors Association	Asociación Estadounidense de Consejeros Escolares
ASD	Autism Spectrum Disorder	Trastorno del Espectro Autista (cdc.gov)
ASES	After School Education and Safety	Educación y Seguridad Después de Clases
ASL	American Sign Language	Lengua de Señas Estadounidense (nad.org); Lenguaje de Signos Estadounidense (cde.ca.gov)
ASSETs	After School Safety and Enrichment for Teens (Program)	(Programa de) Seguridad y Enriquecimiento Después de Clases para Adolescentes
ASSP	Association of Secondary School Principals	Asociación de Directores de Escuelas Secundarias y Preparatorias
AT	Assistive Technology	Tecnología Asistencial
AVID	Advancement Via Individual Determination	Avance Vía Determinación Individual
AWOL	Absent Without Leave	Ausente Sin Permiso
AYP	Adequate Yearly Progress	Progreso Anual Adecuado
AZ	Arizona	Arizona
AZELLA	Arizona English Language Learner Assessment	Evaluación de Estudiantes de Inglés de Arizona
B		

B/ASAP	Before/After School Activities Program	Programa de Actividades Antes/Después de Clases
BA	Bachelor of Arts Degree	Licenciatura en Humanidades (cde.ca.gov)
BAC	Bilingual Advisory Committee	Comité Asesor de la Educación Bilingüe (cde.ca.gov)
BACA	Business and Computer Applications	Aplicaciones de Negocios y Computadoras
BAER	Brainstem Auditory Evoke Response	Reacción Auditiva Evocada en la Base del Cerebro
BAH	Basic Allowance for Housing	Cuota Básica de Alojamiento
BASIS	Basic Achievement Skills Individual Screener	Evaluación Individual del Aprovechamiento Académico Básico (cde.ca.gov)
BB	Below Basic	Por Debajo del (nivel) Básico
BBB	Better Business Bureau	Oficina de Protección del Consumidor
BCC	Bilingual Certificate of Competence	Certificado de Competencia Bilingüe (cde.ca.gov)
BCLAD	Bilingual Cross-cultural Language and Academic Development	Desarrollo Lingüístico Académico y Bilingüe Transcultural (cde.ca.gov)
BECA	Bilingual Education Credentialing Alternative (Program)	(Programa) Alternativo para Obtener el Título de Maestro Bilingüe
BIC	Breakfast in the Classroom (Program)	(Programa de) Desayuno Dentro del Salón
BICS	Basic Interpersonal Communication Skills	Capacidad Básica de Comunicación Interpersonal (cde.ca.gov)
BINL	Basic Inventory of Native Language	Inventario Básico de la Lengua Materna (cde.ca.gov)
BLS	Bureau of Labor Statistics	Oficina de Estadísticas Laborales
BMI	Body Mass Index	Índice de Masa Corporal
BOE	Board of Education	Mesa Directiva de Educación
BOGFW	Board of Governors Fee Waiver	Exención de Colegiatura del Consejo de Gobernadores
BP	Border Patrol	Patrulla Fronteriza
BRACE	Budget Reduction Alternatives to Conserve Education	Alternativas para la Reducción del Presupuesto para Conservar la Educación
BS	Bachelor of Science	Licenciatura en Ciencias
BSN	Bilingual Support Network	Red de Apoyo Bilingüe
BSS	Building Services Supervisor	Supervisor de Servicios de las Instalaciones

BTSA	Beginning Teacher Support and Assessment	Apoyo y Evaluación del Maestro Principiante
BTTP	Bilingual Teacher Training Program	Programa de Capacitación del Maestro Bilingüe
BTW	By The Way	Por cierto
C		
CA	California	California
CAA	California Alternate Assessment	Evaluación Alternativa de California
CAASPP	California Assessment of Student Performance and Progress	Evaluación de California del Desempeño y Progreso Estudiantil; Exámenes del Rendimiento y Progreso de los Estudiantes de California (cde.ca.gov)
CABE	California Association of Bilingual Education	Asociación de Educación Bilingüe de California
CAC	California Administrative Code	Código Administrativo de California
CAC	Citizens Advisory Committee	Comité Asesor de Ciudadanos
CAC	Contract Administration Committee	Comité de Administración de Contratos
CAC SE	Community Advisory Committee for Special Education	Comité Asesor Comunitario para la Educación Especial (cde.ca.gov)
CACE	California Association of Compensatory Education	Asociación de Educación Compensatoria de California
CAD	Computer Aided Drafting	Dibujo Asistido por Computadoras
CADA	California Association of Directors of Activities	Asociación de Directores de Actividades de California
CADS	Consolidated Application Data System	Sistema de Datos de la Solicitud Consolidada
CAHPERD	California Association for Health, Physical Education, Recreation and Dance	Asociación de California para la Salud, Educación Física, Recreación y Danza
CAHSEE	California High School Exit Examination	Examen de Egreso de la Preparatoria de California (cde.ca.gov)
CAIR	California Immunization Registry	Registro de Vacunación de California (cairweb.org)
CALP	Cognitive Academic Language Proficiency	Desarrollo del Lenguaje Académico (cde.ca.gov)
CALPADS	California Longitudinal Pupil Achievement Data System	Sistema de Datos de Rendimiento Longitudinal Estudiantil de California

CAL-PIRC	California Parent Involvement Resource Center	Centro de Recursos para la Participación de Padres de California
Cal-SAFE	California School Age Families Education	Educación para Familias de Edad Escolar de California
CalWORKs	California Work Opportunity and Responsibility to Kids	Oportunidades de Trabajo y Obligaciones para Niños de California
CAN	Collaborative Action Network	Red de Acción Colaborativa
CAP	California Assessment Program	Programa de Evaluaciones de California
CAPA	California Alternate Performance Assessment	Evaluación Alternativa de Rendimiento de California (cde.ca.gov)
CAPE	Council for American Private Education	Consejo para la Educación Privada Americana
CAPP	California Academic Partnership Program	Programa de Colaboración Académica de California
CARE	Cooperative Agencies Resources for Education	Recursos de Agencias Cooperativas para la Educación
CARS	Consolidated Application Reporting System	Sistema de Informes de la Solicitud Consolidada
CASH	Coalition for Adequate School Housing	Coalición para la Vivienda Escolar Adecuada
CASL	California Association of Student Leaders	Asociación de Alumnos Líderes de California
CAST	Center for Applied Specialized Technology	Centro para la Tecnología Especializada Aplicada
CAT/6	California Achievement Test, 6th Edition	Prueba de Aprovechamiento de California, 6ª Edición
CBEDS	California Basic Educational Data System	Sistema de Datos Educativos Básicos de California
CBEST	California Basic Educational Skills Test	Prueba de California para Evaluar los Conocimientos Básicos (cde.ca.gov)
CBET	Community Based English Tutoring	Enseñanza Individualizada del Inglés con Instructores Comunitarios (cde.ca.gov)
CBP	Customs and Border Protection	Servicio de Aduanas y Protección Fronteriza
CCACC	Community/Citizens Advisory Committee/Council	Comité/Consejo Asesor de la Comunidad/Ciudadanos
CCD	Community College District	Distrito de Universidades Comunitarias
CCI	College/Career Indicator	Indicador Universitario/Profesional

CCR	Coordinated Compliance Review	Repaso Coordinado del Cumplimiento
CCRA	College Cost Reduction and Access Act	Ley de Reducción de Costos y Acceso Universitario
CCS	California Children's Services	Servicios para Niños de California
CCSS	Common Core State Standards	Estándares Estatales Académicos Comunes (ed.gov); Estándares Estatales Básicos Comunes (cde.ca.gov); Estándares Estatales Esenciales Comunes (smarterbalanced.org); Estándares Académicos Fundamentales (corestandards.org); Estándares Estatales Comunes (sdcoe.net); Estándares Estatales de Tronco Común
CCTC	California Commission on Teacher Credentialing	Comisión de Acreditación de Maestros de California (cde.ca.gov)
CCTE	College, Career and Technical Education	Educación Universitaria, Profesional y Técnica
CD ROM	Compact Disk Read-Only Memory	Disco Compacto con Memoria Sólo para Lectura
CDC	Centers for Disease Control and Prevention	Centros para el Control y la Prevención de Enfermedades
CDC	Child Development Center	Centro de Desarrollo Infantil
CDE	California Department of Education	Departamento de Educación de California (cde.ca.gov)
CDS (Code)	County-District-School Code	Código del Condado/Distrito/Escuela
CELDT	California English Language Development Test	Prueba de California del Desarrollo del Idioma Inglés; Prueba para Medir el Desarrollo del Inglés en California (cde.ca.gov)
CEO	Chief Executive Officer	Director Ejecutivo
CEP	Community Eligibility Provision	Provisión de Elegibilidad Comunitaria
CERT	Teen Community Emergency Response Team	Equipo de Respuesta a Emergencias de la Comunidad de Adolescentes
CGPA	Cumulative Grade Point Average	Promedio Acumulativo de Calificaciones
CHAMPs	(School of) Community Health and Medical Practices	(Escuela de) Salud Comunitaria y Prácticas Médicas

CHDP	Child Health and Disability Prevention (Program)	(Programa de) Salud Infantil y Prevención de Discapacidades
CHSPE	California High School Proficiency Exam	Examen de Suficiencia de la Escuela Preparatoria de California (cde.ca.gov)
CIA	Central Intelligence Agency	Agencia Central de Inteligencia (cia.gov)
CIF	California Interscholastic Federation	Federación Interescolar de California
CIS	Contract for Independent Studies	Contrato para Estudios Independientes
CLAD	Cross-cultural, Language, and Academic Development	Desarrollo Lingüístico Académico y Transcultural (cde.ca.gov)
CLEP	College Level Examination Program	Programa de Exámenes de Equivalencia Universitaria
CMA	California Modified Assessment	Evaluación Modificada de California
CMEA	California Music Educators Association	Asociación de Maestros de Música de California
CNAC	Children Nutrition Advisory Council	Consejo Asesor de la Nutrición Infantil
CO	Colorado	Colorado
COA	Cost of Attendance	Costo de Asistencia
COB	Close of Business	Cierre de Operaciones; la Hora de Cerrar
COBRA	Consolidated Omnibus Budget Reconciliation Act	Ley Ómnibus Consolidada de Reconciliación Presupuestaria (dol.gov)
COE	County Office of Education	Oficina de Educación del Condado
COLA	Cost of Living Adjustment	Ajuste por Costo de Vida (ssa.gov)
ConApp	Consolidated Application	Solicitud Consolidada
Cont.	Continued	(end of previous section) Continúa; (beginning of next section) Continuación
COS	Course of Study, K-12	Curso de Estudios de K a 12° Grado
CPA	Certified Public Accountant	Contador/a Público/a Certificado/a
CPA	College Peer Advisors	Compañeros Orientadores para la Universidad
CPIE	Center for Parent Involvement and Education	Centro para la Participación y Educación de Padres
CPM	Categorical Program Monitoring	Supervisión de Programas Categóricos

CPMA	Creative, Performing, and Media Arts	Artes Creativas, Escénicas y de Medios de Comunicación
CPR	Cardiopulmonary Resuscitation	Reanimación Cardiopulmonar (imss.gob.mx) (heart.org)
CPS	Child Protective Services	Servicios de Protección Infantil
CPU	Certificated Personnel Unit	Unidad de Personal Certificado
CRCP	Career Ready, College Prepared	Listo para una Carrera, Preparado para la Universidad
CRIP	College Readiness Instructional Practices	Prácticas Didácticas para la Preparación Universitaria
CRL	California Reading List	Lista de Lecturas de California (cde.ca.gov)
CRT	Criterion-Reference Test	Prueba de Criterios-Referencias
CSA	Community Supported Agriculture	Agricultura Apoyada por la Comunidad
CSAC	California Student Aid Commission	Comisión de Ayuda Estudiantil de California
CSAP	Center for Substance Abuse Prevention	Centro para la Prevención del Abuso de Drogas (drugabuse.gov)
CSBA	California School Boards Association	Asociación de Mesas Directivas Escolares de California
CSEA	California School Employees Association	Asociación de Empleados Escolares de California
CSEC	Commercial Sexual Exploitation of Children	Explotación Sexual Comercial de Menores
CSF	California Scholarship Federation	Federación de Becas de California
CSIR	California School Immunization Record	Comprobante de Inmunización Escolar de California
CSIS (Program)	California School Information Services Program	Programa de Servicio de Información Escolar de California
CSO	Community Service Officer	Oficial de Servicio para la Comunidad
CSR	Class Size Reduction	Reducción del Tamaño de las Clases
CSR	Confidential Student Report	Informe Confidencial del Estudiante
CSR (Program)	Comprehensive School Reform Program	Programa de Reforma Escolar Integral
CST	California Standards Test	Prueba de los Estándares Académicos de California (cde.ca.gov)
CSU	California State University	Universidad Estatal de California (cde.ca.gov)
CT	Connecticut	Connecticut

CTA	California Teachers Association	Asociación de Maestros de California
CTBS	California Test of Basic Skills	Examen de Conocimientos Básicos de California (cde.ca.gov)
CTC	California Commission on Teacher Credentialing	Comisión de Certificación de Profesores de California
CTE	Career Technical Education (Program)	(Programa de) Educación Técnica Profesional
CWS	Child Welfare Services	Servicios del Bienestar Infantil (sdcounty.ca.gov)
D		
DA	District Attorney	Fiscal del Distrito
DAC	District Advisory Council	Consejo Asesor del Distrito
DACA	Deferred Action for Childhood Arrivals	Acción Diferida para los Llegados en la Infancia (uscis.gov)
DAIT	District Assistance and Intervention Team	Equipo de Ayuda e Intervención del Distrito
DAPA	Deferred Action for Parents of Americans	Acción Diferida para Padres de Estadounidenses
DARE	Drug Abuse Resistance Education (Program)	(Programa de) Educación Contra el Abuso de las Drogas
DAS	District Assistance Survey	Encuesta de Ayuda del Distrito; Encuesta de Asistencia del Distrito (cde.ca.gov)
DaTA	Design and Technology Academy	Academia de Diseño y Tecnología
DC, Washington	District of Columbia	Distrito de Columbia
DE	Delaware	Delaware
DEA	Drug Enforcement Agency	Administración para el Control de las Drogas
DEAP	Dependents Education Assistance Program	Programa de Ayuda Educativa para Dependientes
DECA	Distributive Education Club of America	Club de Educación Distribuidora de Estados Unidos
DELAC	District English Language Advisory Committee	Comité Asesor del Distrito para Aprendientes de Inglés; Comité Asesor del Distrito Escolar para los Estudiantes de Inglés como Segunda Lengua (cde.ca.gov)
DHH	Deaf and Hard of Hearing	Sordo e Hipoacúsico (nad.org)
DHHS	Department of Health and Human Services	Departamento de Salud y Servicios Humanos (hhs.gov)

DHS	Department of Homeland Security	Departamento de Seguridad Nacional (usa.gov)
DIC	Dependency and Indemnity Compensation	Compensación de Dependencia e Indemnización
DIY	Do-It-Yourself	Hágalo Usted Mismo
DMD	Digital Media and Design	Medios Digitales y Diseño
DMT	District Mathematics Test	Prueba de Matemáticas del Distrito
DMZ	Demilitarized Zone	Zona Desmilitarizada
DNA	Deoxyribonucleic Acid	Ácido Desoxirribonucleico
DOB	Date of Birth	Fecha de Nacimiento
DOD	Department of Defense	Departamento de Defensa
DoDEA	Department of Defense Education Activity	Actividad de Educación del Departamento de Defensa
DOE	Department of Education	Departamento de Educación
DOJ	Department of Justice	Departamento de Justicia
DOK	Depth of Knowledge	Profundidad de Conocimientos
DOL	Department of Labor	Departamento de Trabajo
DPLT	Designated Primary Language Test	Prueba del Idioma Materno Designado
DRA	Developmental Reading Assessment	Evaluación del Desarrollo de la Lectura
DRP	Degrees of Reading Power	Grados de Poder en Lectura
DRP Form	Decision to Retain or Promote Form	Formulario de la Decisión de Retener o Promover
DSLT	District and School Leadership Team	Equipo de Liderazgo del Distrito y la Escuela
DSLT	District/School Liaison Team	Equipo de Enlace entre el Distrito y la Escuela
DSPS	Disability Support Programs and Services	Programas y Servicios de Apoyo para Discapacidades
DSPS	Disabled Student Programs and Services	Programas y Servicios para Estudiantes Discapacitados
DSS	Department of Social Services	Departamento de Servicios Sociales
DSS	Disabled Student Services	Servicios para Estudiantes Discapacitados
DT/Td	Diphtheria, Tetanus	Difteria, Tétano
DTaP/Tdap	Diphtheria, Tetanus and Pertussis	Difteria, Tétano y Tos Ferina
DUI	Driving Under the Influence	Manejar Bajo la Influencia
DWA	District Wide Applications	Aplicaciones para Todo el Distrito
E		
e.g.	exempli gratia (for example)	exempli gratia (por ejemplo)

ea.	Each	Cada uno (c/u)
EAOP	Early Academic Outreach Program	Programa de Extensión Académica Temprana
EAP	Early Assessment Program	Programa de Evaluación Temprana
EAP	Educational Assistance Program	Programa de Ayuda Educativa
EBL	Emergent Bilingual Learner	Aprendiente Bilingüe Emergente
EBT	Electronic Benefits Transfer	Transferencia Electrónica de Beneficios (usda.gov)
EC	Education Code	Código de Educación
ECE	Early Childhood Education	Educación para la Primera Infancia
ECG/EKG	Electrocardiogram	Electrocardiograma
ECSE/ECSP	Early Childhood Special Education	Educación Especial para la Primera Infancia
ED	Emotional Disturbance	Trastorno Emocional
Ed.D.	Doctorate of Education	Doctorado en Educación
EEG	Electroencephalogram	Electroencefalograma
EEO	Equal Employment Opportunity	Igualdad de Oportunidades de Empleo (dol.gov)
EFAP	Emergency Food Assistance Program	Programa de Asistencia de Alimentos de Emergencia
EFC	Expected Family Contribution	Contribución Familiar Prevista
EFL	English as a Foreign Language	Inglés como Idioma Extranjero
EFT	Electronic Funds Transfer	Transferencia Electrónica de Fondos
EIA	Economic Impact Aid	Ayuda de Impacto Económico
EIEP	Emergency Immigrant Education Program	Programa Educativo de Emergencia para Inmigrantes (cde.ca.gov)
EKG/ECG	Electrocardiogram	Electrocardiograma
EL	English Learner	Aprendiente de Inglés; Estudiante de Inglés como Segunda Lengua (cde.ca.gov)
ELA	English Language Acquisition	Adquisición del Idioma Inglés
ELA	English Language Arts	Disciplinas Lingüísticas del Inglés; Lengua y Literatura en Inglés (cde.ca.gov)
ELAC	English Learner Advisory Committee	Comité Asesor para Aprendientes de Inglés; Comité Asesor para los Estudiantes de Inglés como Segunda Lengua (cde.ca.gov)
ELAP	English Language Acquisition Program	Programa de Adquisición del Idioma Inglés

ELD	English Language Development	Desarrollo del Idioma Inglés; Desarrollo del Inglés como Segunda Lengua (cde.ca.gov)
ELILP	English Learner Intensive Literacy Program	Programa Intensivo de Lectoescritura para Aprendientes de Inglés
ELL	English Language Learner	Aprendiente del Idioma Inglés
ELLA	Early Literacy and Language Acquisition	Lectoescritura y Adquisición del Idioma Tempranas
ELM	Entry Level Math	Matemáticas de Nivel de Principiante
ELO	Extended Learning Opportunities (Department)	(Depto. de) Oportunidades de Aprendizaje Extendido
ELPAC	English Language Proficiency Assessments for California	Pruebas de Suficiencia en el Idioma Inglés de California (cde.ca.gov)
ELPI	English Learner Progress Indicator	Indicador del Progreso de los Aprendientes de Inglés
ELSSA	English Learner Subgroup Self-Assessment	Autoevaluación del Subgrupo de Aprendientes de Inglés
ELST	English Learner Support Teacher	Maestro de Apoyo para Aprendientes de Inglés
ELT	English Language Teacher	Maestro del Idioma Inglés
EOC Exam	End-of-Course Exam	Examen de Fin de Curso
EOPS	Extended Opportunity Program and Services	Programa y Servicios de Oportunidades Extendidas
EOS	Equal Opportunity School	Escuela de Oportunidades Equitativas
EOS Exam	End-of-Semester Exam	Examen de Fin de Semestre
EPA	Environmental Protection Agency	Agencia de Protección Ambiental
EPC	Essential Program Components	Componentes Esenciales del Programa
EPT	English Placement Test	Prueba de Asignación en Inglés
ER	Emergency Room	Sala de Emergencias
ERAA	Everybody Recommitting to Academic Achievement	Todos Recomprometidos al Rendimiento Académico
ERWC	Expository Reading and Writing Course	Curso de Lectura y Redacción Expositivas
ESA	Education Savings Account	Cuenta de Ahorros para la Educación
ESA	Elementary School Assistant	Asistente de Escuela Primaria
ESEA	Elementary and Secondary Education Act	Ley de la Educación Primaria y Secundaria (ed.gov)

ESL	English as a Second Language	Inglés Como Segundo Idioma; Inglés como Una Segunda Lengua (cde.ca.gov)
ESLR	Expected Schoolwide Learning Results	Resultados de Aprendizaje Previstos para Todos los Estudiantes de la Escuela (cde.ca.gov)
ESP	Excess School Property	Exceso de Propiedad Escolar
ESSA	Every Student Succeeds Act	Ley Cada Estudiante Triunfa (ed.gov)
ESU	Emergency Screening Unit	Unidad de Evaluación de Emergencia
ESY	Extended School Year	Ciclo Escolar Extendido
ETA	Estimated Time of Arrival	Hora Programada de Llegada
ETC	Expectant Teen Classroom	Salón para Adolescentes Embarazadas
ETS	Educational Testing Service	Servicio de Pruebas Educativas
EU	European Union	Unión Europea
F		
FACE	Family and Community Engagement	Participación Familiar y Comunitaria
FAFSA	Free Application for Federal Student Aid	Solicitud Gratuita de Ayuda Federal para Estudiantes
FAN	Family Area Network	Red de Familias de la Zona
FAPE	Free, Appropriate, Public Education	Educación Pública Gratuita y Apropiada
FAQ	Frequently Asked Questions	Preguntas Frecuentes
FBB	Far Below Basic	Muy por Debajo del (nivel) Básico
FBI	Federal Bureau of Investigation	Oficina Federal de Investigaciones (fbi.gov)
FCC	Federal Communications Commission	Comisión Federal de Comunicaciones
FDA	Food and Drug Administration	Administración de Alimentos y Medicamentos
FDPIR	Food Distribution Program on Indian Reservations	Programa de Distribución de Alimentos en Reservaciones Indígenas
FDR	Franklin Delano Roosevelt	Franklin Delano Roosevelt
FedRelay	Federal Relay Service	Servicio Federal de Transmisión (irs.gov) (usda.gov)
FELD	Focused English Language Development	Desarrollo Enfocado del Idioma Inglés
FEMA	Federal Emergency Management Agency	Agencia Federal para el Manejo de Emergencias (fema.gov)

FEP	Fluent English Proficient	Proficiente Fluido en el Inglés; Con Dominio Fluido del Inglés
FERPA	Family Educational Rights and Privacy Act	Ley de Derechos Educativos y Privacidad de la Familia; Ley de Derechos Educativos de la Familia y la Confidencialidad (ed.gov)
FIRST	For Inspiration and Recognition of Science and Technology	Para la Inspiración y el Reconocimiento de la Ciencia y Tecnología
FISL	Federally Insured Student Loan	Préstamo Federal Estudiantil Asegurado
FL	Florida	Florida
FLOTUS	First Lady of the United States	Primera Dama de los Estados Unidos
FLSA	Fair Labor Standards Act	Ley de Normas Justas de Trabajo (dol.gov)
FMLA	Family and Medical Leave Act	Ley de Ausencia Familiar y Médica (dol.gov)
FOIA	Freedom of Information Act	Ley de Libertad de Información
FOSS	Full Option Science System	Sistema de Ciencias de Opción Completa
FPM	Federal Program Monitoring	Supervisión de Programas Federales
FQHC	Free Quality Health Care	Cuidado de la Salud Gratuito y de Calidad
FRPM	Free and Reduced Price Meals	Alimentos Gratuitos y a Precio Reducido
FRS	Federal Relay Service	Servicio Federal de Transmisión (irs.gov) (usda.gov)
FS	Foundational Skills	Destrezas Fundamentales
FSA	Federal Student Aid	Ayuda Federal para Estudiantes
FSA	Flexible Spending Account	Cuenta de Gastos Flexible (cuidadodesalud.gov)
FSAIC	Federal Student Aid Information Center	Centro de Información sobe Ayuda Federal para Estudiantes
FSP	Food Stamp Program	Programa de Cupones para Alimentos (usda.gov)
FT	Full-Time	Tiempo Completo
FTC	Federal Trade Commission	Comisión Federal de Comercio
FTE	Full-Time Equivalent	Equivalente a un Puesto de Tiempo Completo
FYI	For Your Information	Para Su Información
G		
GA	Georgia	Georgia

GAFE	Google Apps for Education	Aplicaciones de Google para la Educación
GAME ON!	Good Attendance Means Everything	¡Tú Puedes! La Buena Asistencia lo es Todo
GATE	Gifted and Talented Education	Educación para Estudiantes Dotados y Talentosos (cde.ca.gov)
GCR Mode	Growth, Creativity, and Recovery Mode	Modo de Crecimiento, Creatividad y Recuperación
GEARUP	Gaining Early Awareness and Readiness for Undergraduate Programs	Adquisición Temprana de Concienciación y Preparación para la Universidad
GED	General Educational Development (Test)	(Prueba del) Desarrollo Educativo General (cde.ca.gov)
GIS	Geographic Information Systems	Sistemas de Información Geográfica
GLSEN	Gay, Lesbian, Straight Education Network	Red de Educación de Gays, Lesbianas y Heterosexuales (glsen.org)
GMRT	Gates MacGinitie Reading Tests	Pruebas de Lectura Gates MacGinitie
GOAT	(The) Greatest Of All Time	El Mejor de Todos los Tiempos
GORT	Gray Oral Reading Tests	Pruebas de Lectura Oral Gray
GPA	Grade Point Average	Promedio de Calificaciones
GPAP	Governor's Performance Award Program	Programa del Premio de Desempeño del Gobernador
GSA	Gender/Sexuality Alliance	Alianza de Género/Sexualidad
GSA	General Services Administration	Administración de Servicios Generales (gsa.gov)
GSE	Golden State Examination	Examen "Golden State"
H		
HCS	Health Care Services	Servicios del Cuidado de la Salud
HELOC	Home Equity Line of Credit	Préstamo Sobre el Valor Líquido de la Propiedad (chase.com) (wellsfargo.com)
HFMD	Hand, Foot, and Mouth Disease	Fiebre Aftosa Humana; Exantema Vírico de Manos, Pies y Boca
HHS	Health and Human Services	Salud y Servicios Humanos
HI	Hawaii	Hawái
HI	Hearing Impairment	Impedimento Auditivo
HIB	Haemophilus Influenzae Type B (Hib Meningitis)	Haemophilus Influenzae Tipo B (Meningitis Hib)
HILT	High Intensity Language Training	Enseñanza de Alta Intensidad de la Lengua

HIM	Health Insurance Marketplace	Mercado de Seguros Médicos (healthcare.gov)
HIPAA	Health Insurance Portability & Accountability Act	Ley de Portabilidad y Contabilidad de Seguros de Salud
HIV	Human Immunodeficiency Virus	Virus de Inmunodeficiencia Humana
HMO	Health Maintenance Organization	Sociedad Médica; Seguro Médico
HOH	Hard of Hearing	Hipoacúsico (nad.org); Deficiencia Auditiva (cde.ca.gov)
HOUSSE	High Objective Uniform State Standard of Evaluation	Estándar Estatal Uniforme de Evaluaciones con Altos Objetivos
HPSGP	High Priority Schools Grant Program	Programa de Subsidio para Escuelas Prioritarias de Bajo Rendimiento
HPV	Human Papillomavirus	Virus del Papiloma Humano
HQT	Highly Qualified Teacher	Maestro/a Altamente Calificado/a
HS	High School	Escuela Preparatoria
HSDP	High School Diploma Program	Programa de Diploma de la Escuela Preparatoria
HTTP	Hypertext Transfer Protocol	Protocolo de Transferencia de Hipertexto
HUD	Housing and Urban Development	Vivienda y Desarrollo Urbano
I		
i.e.	id est (that is to say; in other words)	id est (es decir; esto es; en otras palabras)
IA	Initial Assessment	Evaluación Inicial
IA	Instructional Aide/Assistant	Ayudante/Asistente Instructivo
IA	Iowa	Iowa
IAP	Interdistrict Attendance Permit	Permiso de Asistencia Entre Distritos
IAP	Intradistrict Attendance Permit	Permiso de Asistencia Dentro del Distrito
IB	International Baccalaureate	Bachillerato Internacional
IBT	International Baccalaureate Test	Prueba de Bachillerato Internacional
ICE	Immigration and Customs Enforcement	(Servicio de) Inmigración y Control de Aduanas (ice.gov)
ICOC	Independent Citizen's Oversight Committee	Comité de Supervisión de Ciudadanos Independientes
ICU	Intensive Care Unit	Sala de Cuidado Intensivo

ID	Idaho	Idaho
ID	Identification (number or card)	(número o credencial de) Identificación
IDEA	Individuals with Disabilities Education Act	Ley de la Educación de Personas con Discapacidades (cde.ca.gov)
IDEA	Invention and Design Educational Academy	Academia Educativa de Invención y Diseño
IDEIA	Individuals with Disabilities Education Improvement Act	Ley para el Mejoramiento de la Educación de Individuos con Discapacidades
IEP	Individualized Education Program	Programa de Educación Individualizado (cde.ca.gov)
IES	Institute of Education Sciences	Instituto de Ciencias de la Educación
IFEP	Initially Fluent English Proficient	Inicialmente Designado Proficiente Fluido en el Inglés
IHE	Institution of Higher Education	Institución de Educación Superior
IHSS	In-Home Supportive Services	Servicios de Apoyo en el Hogar
II/USP	Immediate Intervention/Underperforming Schools Program	Intervención Inmediata/Programa de Escuelas de Bajo Rendimiento
IL	Illinois	Illinois
ILA	Interim Literacy Assessment	Evaluación Provisional de la Lectoescritura
ILS	Integrated Life Skills	Destrezas Integradas para la Vida Diaria
ILT	Instructional Leadership Team	Equipo de Liderazgo Didáctico
IMC	Instructional Media Center	Centro de Medios Didácticos
IN	Indiana	Indiana
IOU	I Owe You (promissory note)	Un pagaré
IPT	Idea Proficiency Test	Prueba de Dominio Idea
IPV	Inactivated Polio Vaccine	Vacuna Antipoliomielítica Inactivada
IQ	Intelligence Quotient	Coeficiente Intelectual (cde.ca.gov)
IRA	Individual Retirement Account	Cuenta Individual de Retiro
IRA	Irish Republican Army	Ejército Republicano Irlandés
IRI	Informal Reading Inventory	Inventario Informal de Lectura
IRS	Internal Revenue Service	Servicio de Impuestos Internos (irs.gov)
ISC	Independent Study Contract	Contrato de Estudio Independiente
ISP	Individual Service Plan	Plan de Servicio Individual
ISP	Internet Service Provider	Proveedor de Servicio de Internet

ISS	Inventory of Support and Services	Inventario de Apoyo y Servicios
IST	Instructional Study Team	Equipo de Estudio Didáctico
IT	Information Technology	Tecnología de Información/Informática
ITV	Instructional Television	Televisión Educativa
J		
JFK	John Fitzgerald Kennedy	John Fitzgerald Kennedy
JIA	Joint Intervention Agreement	Acuerdo de Intervención Conjunta
JROTC	Junior Reserve Officers Training Corps	Cuerpo de Entrenamiento de Oficiales Subalternos de la Reserva
K		
Kin-GAP	Kinship Guardianship Assistance Payments	Pagos de Asistencia para Parientes que Son los Tutores Legales de un Menor (dss.cahwnet.gov)
KS	Kansas	Kansas
KY	Kentucky	Kentucky
L		
LA	Louisiana	Luisiana
LAC (Test)	Lindamood Auditory Conceptualization Test	Prueba de Conceptualización Auditiva Lindamood
LAN	Local Area Network	Red de Área Local
LAO	Legislative Analyst Office	Oficina del Analista Legislativo
LASI	Language and Speech Impaired	Deficiente en el Lenguaje y Habla (cde.ca.gov)
LAUSD	Los Angeles Unified School District	Distrito Escolar Unificado de Los Angeles
LC	Learning Contract	Contrato de Aprendizaje
LCAP	Local Control and Accountability Plan	Plan de Control Local y Rendición de Cuentas
LCD	Liquid Crystal Display	Pantalla de Cristal Líquido
LCFF	Local Control Funding Formula	Fórmula de Financiamiento de Control Local
LCSW	Licensed Clinical Social Worker	Trabajador Social Clínico Titulado
LD	Learning Disabled	Discapacitado en el Aprendizaje
LDS	Language Development Specialist	Especialista en el Desarrollo del Lenguaje
LEA	Local Education Agency	Agencia Local de Educación (cde.ca.gov)
LEADS	Lead, Explore, Achieve, Discover and Serve	Guía, Explora, Logra, Descubre y Sirve
LED	Light-Emitting Diode	Diodo Emisor de Luz

LEED	Leadership in Energy and Environmental Design	Liderazgo en Diseño de Energía y Ambiental
LEP	Limited English Proficient	Proficiente Limitado en el Inglés; Con Dominio Limitado del Inglés (cde.ca.gov)
LGBTQIA	Lesbian, Gay, Bisexual, Transgender, Queer/Questioning, Intersex, Asexual/Ally	Lesbiana, Gay, Bisexual, Transgénero, Queer/Cuestionando, Intersexual, Asexual/Aliado
LMRDA	Labor-Management Reporting and Disclosure Act	Ley de Notificación y Divulgación Obrero-Patronal (dol.gov)
LOC	Level of Care	Nivel de Cuidado/Atención
LOGO	Learning on the Go	Aprendizaje Móvil
LOTE	Language Other Than English	Idioma Aparte del Inglés
LPI	Local Performance Indicators	Indicadores de Desempeño Local
LPR	Local Performance Ratings	Clasificaciones de Desempeño Local
LRE	Least Restrictive Environment	Entorno Menos Restrictivo
LSD	Lysergic Acid Diethylamide	Dietilamida de Ácido Lisérgico
LTEL	Long Term English Learner	Aprendiente de Inglés a Largo Plazo
LUS	Language Usage Survey	Encuesta del Uso del Idioma
M		
MA	Massachusetts	Massachusetts
MADD	Mothers Against Drunk Driving	Madres en Contra de Conducir en Estado de Ebriedad (madd.org)
MAPP	Measures of Academic Performance and Progress	Medidas de Desempeño y Progreso Académico
MCAS	Massachusetts Comprehensive Assessment System	Sistema de Evaluación Integral de Massachusetts
MCEC	Military Child Education Coalition	Coalición de Educación para Niños Militares
MCHS	Middle College High School	Preparatoria Dentro de una Universidad Comunitaria
MCJROTC	Marine Corps Junior Reserve Officer Training Corps	Cuerpo de Entrenamiento de Oficiales Subalternos de la Reserva del Cuerpo de Marines (todaysmilitary.com)
MCS	Middle Class Scholarship	Beca para la Clase Media
MCV	Meningococcal Conjugate Vaccine	Vacuna Meningocócica Conjugada (nlm.nih.gov)
MD	Doctor of Medicine	Doctor en Medicina
MD	Maryland	Maryland
MD	Muscular Dystrophy	Distrofia Muscular

MDTP	Mathematics Diagnostic Testing Project	Proyecto de Pruebas de Diagnóstico en Matemáticas
ME	Maine	Maine
MEC	Mainstream English Cluster	Agrupación en Inglés Regular
MEChA	Chicano Student Movement of Aztlan	Movimiento Estudiantil Chicano de Aztlán
MEPA	Massachusetts English Proficiency Assessment	Evaluación de Massachusetts del Dominio del Idioma Inglés
MESA	Mathematics, Engineering, and Science Achievement	Logros en Matemáticas, Ingeniería y Ciencia
MH/HP	Medically Homebound/Hospital Program	Programa de Confinamiento en el Hogar por Orden Médica
MI	Michigan	Michigan
MI	Middle Initial	Inicial del Segundo Nombre
MIA	Missing in Action	Desaparecido en Combate
MLK	(Dr.) Martin Luther King (Jr.)	(Dr.) Martin Luther King (Jr.)
MMR	Measles, Mumps, Rubella	Sarampión, Paperas y Rubéola
MN	Minnesota	Minnesota
MO	Missouri	Misuri
MOU	Memorandum of Understanding	Memorándum de Entendimiento (cde.ca.gov)
MPC	Medically Physically Challenged	Con Dificultades Médicas y Físicas
MPV	Meningococcal Polysaccharide Vaccine	Vacuna Meningocócica Polisacárida (nlm.nih.gov)
MRA	Math Readiness Assessment	Evaluación de la Preparación en Matemáticas
MRI	Magnetic Resonance Imaging	Resonancia Magnética
MS	Middle School	Escuela Intermedia
MS	Mississippi	Mississippi
MS	Multiple Sclerosis	Esclerosis Múltiple
MSAP	Magnet Schools Assistance Program	Programa de Ayuda para Escuelas Magnet
MT	Montana	Montana
MVA	Multimedia Visual Arts	Artes Visuales de Multimedia
MVP	Most Valuable Player	Jugador Más Valioso
MVPA	Media, Visual and Performing Arts	Medios y Artes Visuales y Escénicas
MVPA	Moderate to Vigorous Physical Activity	Actividad Física Moderada a Vigorosa
N		
N/A	Not Applicable	No aplica; no es aplicable; no corresponde
NA	Narcotics Anonymous	Narcóticos Anónimos

NABE	National Association for Bilingual Education	Asociación Nacional para la Educación Bilingüe
NAC	New Arrival Center	Centro para Recién Llegados; Centro para Alumnos de Recién Ingreso
NACAC	National Association of College Admission Counseling	Asociación Nacional de Orientación para el Ingreso a la Universidad
NAD	National Association of the Deaf	Asociación Nacional de Sordos (nad.org)
NAEP	National Assessment of Educational Progress	Evaluación Nacional del Progreso Educativo (cde.ca.gov)
NAFTA	North American Free Trade Agreement	Tratado de Libre Comercio de Norteamérica
NARA	National Archives and Records Administration	Archivos Nacionales y Administración de Documentos (archives.gov)
NASA	National Aeronautics and Space Administration	Administración Nacional de Aeronáutica y del Espacio (nasa.gov)
NASP	National Association of School Psychologists	Asociación Nacional de Psicólogos Escolares
NATO	North Atlantic Treaty Organization	Organización del Tratado del Atlántico Norte
NBCT	National Board Certified Teacher	Maestro Certificado por el Consejo Nacional
NC	North Carolina	Carolina del Norte
NCAA	National Collegiate Athletic Association	Asociación Nacional Atlética Colegial
NCES	National Center for Education Statistics	Centro Nacional para Estadísticas de la Educación
NCLB	No Child Left Behind (Act)	(Ley) Que Ningún Niño Se Quede Atrás (cde.ca.gov)
NCLR	National Council of La Raza	Consejo Nacional de La Raza (nclr.org)
ND	North Dakota	Dakota del Norte
NE	Nebraska	Nebraska
NEA	National Education Association	Asociación Nacional de Educación
NEA-ESP	National Education Association – Educational Support Personnel	Asociación Nacional de Educación – Personal de Apoyo Educativo
NEP	Non-English Proficient	Sin Dominio del Inglés (cde.ca.gov)
NETS	National Educational Technology Standards	Estándares Nacionales de Tecnología Educativa
NH	New Hampshire	Nuevo Hampshire

NHS	National Honor Society	Sociedad Nacional de Honor
NIAAA	National Interscholastic Athletic Administrators Association	Asociación Nacional de Administradores de Deportes Interescolares
NIDA	National Institute on Drug Abuse	Instituto Nacional sobre el Abuso de Drogas (drugabuse.gov)
NIH	National Institutes of Health	Institutos Nacionales de Salud (salud.nih.gov)
NILC	National Immigration Law Center	Centro Nacional de Leyes de Inmigración (nilc.org)
NIOSH	National Institute for Occupational Safety and Health	Instituto Nacional para la Seguridad y Salud Ocupacional (cdc.gov)
NJ	New Jersey	Nueva Jersey
NJHS	National Junior Honor Society	Sociedad Nacional de Honor Júnior
NM	New Mexico	Nuevo México
NMSQT	National Merit Scholarship Qualifying Test	Prueba Calificadora para la Beca de Mérito Nacional
NOW	National Organization for Women	Organización Nacional para las Mujeres
NPD	National Professional Development	Capacitación Nacional Profesional
NPS	Non-public Schools	Escuelas No Públicas
NROTC	Naval Reserve Officers Training Corps	Cuerpo de Entrenamiento de Oficiales de la Reserva de la Marina (todaysmilitary.com)
NRT	Norm-Referenced Test	Prueba con Normas de Referencia
NSA	National Security Agency	Agencia Nacional de Seguridad
NSF	National Science Foundation	Fundación Nacional para las Ciencias
NSFW	Not Safe for Work	No Apto para Verse en el Trabajo
NSLDS	National Student Loan Data System	Sistema Nacional de Información de Préstamos Estudiantiles
NSLP	National School Lunch Program	Programa Nacional de Almuerzos Escolares
NV	Nevada	Nevada
NY	New York	Nueva York
NYA	National Youth Administration	Administración Nacional de Jóvenes
NYCDOE	New York City Department of Education	Departamento de Educación de la Ciudad de Nueva York

NYSESLAT	New York State English as a Second Language Achievement Test	Examen de Rendimiento en Inglés como Segundo Idioma del Estado de Nueva York
O		
OAS	Organization of American States	Organización de Estados Americanos
OCD	Obsessive Compulsive Disorder	Trastorno Obsesivo Compulsivo
OCILE	Off-Campus Integrated Learning Experience	Experiencias Educativas Integradas Fuera del Plantel
OCR	Office for Civil Rights	Oficina para los Derechos Civiles (ed.gov)
OD	Overdose	Sobredosis
OELA	Office of English Language Acquisition	Oficina de Adquisición del Idioma Inglés
OEO	Office of Equal Opportunities	Oficina de Igualdad de Oportunidades (schools.nyc.gov)
OH	Ohio	Ohio
OHI	Other Health Impairment	Otro Impedimento de Salud
OK	Oklahoma	Oklahoma
OLA	Office of Language Acquisition	Oficina de Adquisición del Idioma
OMB	Office of Management and Budget	Oficina de Administración y Presupuesto
OOS	Out of State	Fuera del Estado
OPEC	Organization of Petroleum Exporting Countries	Organización de Países Exportadores de Petróleo
OPL	Overall Proficiency Level	Nivel Total de Dominio
OPV	Oral Polio Vaccine	Vacuna Oral Contra la Polio
OR	Oregon	Oregón
ORACLE	Operation Restart: A Contracted Learning Experience	Operación Reinicio: Una Experiencia de Aprendizaje por Contrato
ORWH	Office of Research on Women's Health	Oficina de Investigaciones sobre la Salud de la Mujer
OSHA	Occupational Safety and Health Administration	Administración de Seguridad y Salud Ocupacional (osha.gov)
OSS	Office of Special Services	Oficina de Servicios Especiales
OT	Occupational Therapy	Terapia Ocupacional
OTC	Over the Counter (Medicine)	(Medicamentos) Sin Receta Médica
P		
P2P	Peer to Peer	Punto a Punto
PA	Pennsylvania	Pensilvania
PA	Public Address System	Sistema de Altavoz
PAC	Parent Advisory Council	Consejo Asesor de Padres

PAC	Principals' Advisory Council	Consejo Asesor de Directores
PACE	Progressive Alternative Curriculum Environment	Ambiente Alternativo para un Currículo Progresivo
PAL	Parent Academic Liaison	Enlace Académico con los Padres
PAR	Personnel Action Request	Solicitud de Acción para Personal
PARD	Project for Attention Related Disorders	Proyecto para los Trastornos Relacionados con la Atención
PASS	Portable Assisted Study Sequence	Secuencia Portátil de Estudios Asistidos
PASS	Positive Action for Student Support	Acción Positiva para el Apoyo Estudiantil
PBIS	Positive Behavior Interventions and Supports	Intervenciones y Apoyos para el Comportamiento Positivo
PCAHSEE	Practice California High School Exit Exam	Práctica del Examen de Egreso de la Preparatoria de California
PCP	Phencyclidine	Fenciclidina
PCP	Primary Care Provider	Proveedor de Cuidados Primarios (healthcare.gov)
PCV	Pneumococcal Conjugate Vaccine	Vacuna Neumocócica Conjugada (nlm.nih.gov)
PD	Police Department	Departamento de Policía
PDA	Personal Digital Assistant	Agenda Electrónica Personal
PDA	Public Display of Affection	Exhibición de Afecto en Público
PDF	Portable Document Format	Formato de Documento Portátil
PE	Physical Education	Educación Física
PEA	Preliminary Environmental Assessment	Evaluación Ambiental Preliminar
PEPS	Postsecondary Education Participants System	Sistema de Instituciones Participantes de Educación Posterior a la Preparatoria
PFT	Physical Fitness Test	Examen de Aptitud Física (cde.ca.gov)
PH	Physical and Health Disabilities Program	Programa de Discapacidades Físicas y de Salud
PH	Physically Handicapped	Físicamente Discapacitado
Ph.D.	Doctorate (of Philosophy)	Doctorado (en Filosofía)
PI	Program Improvement	Mejoramiento del Programa
PIC	Parent Involvement Committee	Comité de Participación de Padres
PIN	Personal Identification Number	Número de Identificación Personal (Contraseña)

PIOC	Program Improvement Oversight Committee	Comité de Supervisión del Mejoramiento del Programa
PIP	Parent Involvement Policy	Política de Participación de Padres
PIQE	Parent Institute for Quality Education	Instituto de Padres para la Educación de Calidad
PISC	Program Improvement School Choice	Opción Escolar por Mejoramiento del Programa
PISCES	Scientific Community in Elementary Schools	Alianzas que Incluyen a la Comunidad Científica en las Escuelas Primarias
PL	Primary Language	Idioma Materno
PLC	Professional Learning Community	Comunidad Profesional de Aprendizaje
PLD	Performance Level Descriptors	Descriptores del Nivel de Desempeño
PLD	Proficiency Level Descriptors	Descriptores del Nivel de Dominio
PO	Post Office	Oficina Postal
POS	Point of Sale	Punto de Venta
POTUS	President of the United States	Presidente de los Estados Unidos
PPO	Physical Plant Operations	Operaciones de las Instalaciones Físicas
PPS	Per Pupil Spending	Desembolsos/Gastos por Alumno
PPV	Pneumococcal Polysaccharide Vaccine	Vacuna Neumocócica Polisacárida
PQR	Program Quality Review	Revisión de la Calidad del Programa
PREP	Parental Readiness and Empowerment Program	Programa de Preparación y Capacitación Parental
PRYDE	Prevention Recreation Youth Diversity Education	Educación de Prevención, Recreación, Juventud y Diversidad
PSA	Public Service Announcement	Anuncio de Servicio Público
PSAA	Public School Accountability Act	Ley de Rendición de Cuentas de las Escuelas Públicas
PSAT	Preliminary Scholastic Aptitude Test	Prueba Preliminar de Aptitud Académica
PSS	Per Student Spending	Desembolsos/Gastos por Alumno
PT	Part-Time	Tiempo Parcial
PT	Physical Therapy	Fisioterapia; Terapia Física

PTA	Parent/Teacher Association	Asociación de Padres y Maestros
PTO	Parent/Teacher Organization	Organización de Padres y Maestros
PTSA	Parent/Teacher/Student Association	Asociación de Padres, Maestros y Alumnos
PTSD	Post-traumatic Stress Disorder	Trastorno de Estrés Postraumático
PYP	Primary Years Program	Programa de Primaria
Q		
Q & A	Questions and Answers	Preguntas y Respuestas
QA	Quality Assurance	Control de Calidad
QEIA	Quality Education Investment Act	Ley de Inversión en la Educación de Calidad
QTEL	Quality Teaching for English Learners	Enseñanza de Calidad para Aprendientes de Inglés
R		
R-30	R-30 Language Census	Censo de Idiomas R-30
RA	Resident Advisor	Asesor Residente
RAM	Random Access Memory	Memoria de Acceso Aleatorio
RAP	Refugee Assistance Program	Programa de Asistencia para Refugiados
RED	Research and Evaluation Division	División de Investigaciones y Evaluaciones
REO	Receptive Expressive Observation	Observación Expresiva Receptiva
RFEP	Reclassified Fluent English Proficient	Reclasificado Proficiente en el Inglés; Reclasificado con Dominio Fluido del Inglés; Reclasificado como Alumno que Domina el Inglés (cde.ca.gov)
RI	Rhode Island	Rhode Island
ROC	Regional Occupational Center	Centro Regional de Ocupaciones
ROM	Read-only Memory	Memoria Sólo de Lectura
ROP	Regional Occupational Program	Programa Regional de Ocupaciones
ROTC	Reserve Officers Training Corps	Cuerpo de Entrenamiento de Oficiales de la Reserva (todaysmilitary.com)
RPRP	Research Proposal Review Panel	Panel de Revisión de Propuestas de Investigación
RS	Resource Specialist	Especialista de Recursos

RSVP	(from French) Please reply; Please confirm your attendance	(del francés) Favor de responder; Favor de confirmar su presencia
RTI	Response to Intervention	Respuesta a la Intervención
RV	Rotavirus	Rotavirus
S		
SA	Summative Assessment	Evaluación Sumativa
SAA	Standards, Assessment, and Accountability	Estándares, Evaluaciones y Rendición de Cuentas
SAAC	Student Aid Application for California	Solicitud de Ayuda para Estudiantes de California
SABE	Student Advisory Board of Education	Mesa Consultiva Estudiantil de Educación
SABE	Sustainable Academy of Building and Engineering	Academia Sostenible de Construcción e Ingeniería
SABE/2	Spanish Assessment of Basic Education, 2nd Edition	Evaluación de Educación Básica en Español, 2ª Edición
SAC	School Advisory Council/Committee	Consejo/Comité Asesor Escolar
SAC	Student Aid Commission	Comisión de Ayuda Estudiantil
SACS	Standardized Account Code Structure	Estructura Estandarizada de Códigos de Cuentas
SADS	Student Achievement Data System	Sistema de Datos de Rendimiento Estudiantil
SAI	Specialized Academic Instruction	Instrucción Académica Especializada
SAIT	School Assistance and Intervention Team	Equipo de Ayuda e Intervención Escolar; Equipo de Asistencia e Intervención Escolar (cde.ca.gov)
SALLI	Student-based Assessment Language Learning and Instruction	Evaluaciones del Aprendizaje e Instrucción del Idioma con Base en los Alumnos
SALSA	Spanish Academic Language Standards and Assessment	Estándares y Evaluación del Lenguaje Académico Español
SAM	Standards-based Assessments in Mathematics	Evaluaciones de Matemáticas Basadas en los Estándares
SAMHSA	Substance Abuse and Mental Health Services Administration	Administración de Servicios de Abuso de Abuso de Sustancias y Salud Mental (drugabuse.gov)
SAR	Student Aid Report	Informe de Ayuda para Alumnos
SARB	School Attendance Review Board	Comité de Revisión de Asistencia Escolar
SARC	School Accountability Report Card	Informe de Responsabilidad Escolar

SART	School Attendance Review Team	Equipo de Revisión de Asistencia Escolar
SASI	School Administrative Student Information	Información Estudiantil Administrativa Escolar
SAT	Scholastic Aptitude Test	Prueba de Aptitud Académica
SAT/9	Stanford Achievement Test, 9th Edition	Prueba Stanford de Aprovechamiento, 9ª Edición
SB	Senate Bill	Proyecto de Ley del Senado
SBAC	Smarter Balanced Assessment Consortium	Consorcio de Evaluaciones Smarter Balanced
SBACT	Smarter Balanced Assessment Consortium Tests	Pruebas del Consorcio de Evaluaciones Smarter Balanced
SBB	Site Based Budget	Presupuesto Basado en el Plantel
SBCP	School-Based Coordinated Programs	Programas Coordinados con Base en la Escuela
SBDRT	School-Based Diagnostic Resource Teacher	Maestro de la Escuela Especializado en Diagnósticos
SBE	State Board of Education	Mesa Directiva Estatal de Educación (cde.ca.gov)
SBRC	Standards-Based Report Card	Boleta Basada en los Estándares
SC	South Carolina	Carolina del Sur
SCA	Sudden Cardiac Arrest	Paro Cardiaco Repentino
SCC	Student-Centered Coaching	Entrenamiento Centrado en el Alumno
SCE	State Compensatory Education	Educación Compensatoria Estatal
SCOOPS	Smart Choices, Options and Opportunities Prepare Students	Las Decisiones, Opciones y Oportunidades Inteligentes Preparan a los Alumnos
SCOTUS	Supreme Court of the United States	Suprema Corte de los Estados Unidos
SCPA	School of Creative and Performing Arts	Escuela de Artes Creativas y Escénicas
SCT	Science, Connections and Technology	Ciencias, Conexiones y Tecnología
SD	South Dakota	Dakota del Sur
SDAIE	Specially Designed Academic Instruction in English	Instrucción Académica Especialmente Diseñada en Inglés
SDEA	San Diego Education Association	Asociación de Educación de San Diego
SDRT	Stanford Diagnostic Reading Test	Prueba Stanford de Diagnóstico de la Lectura

SDSU	San Diego State University	Universidad Estatal de San Diego
SDUSD	San Diego Unified School District	Distrito Escolar Unificado de San Diego
SE	Special Education	Educación Especial
SEA	Special Education Assistant	Asistente de Educación Especial
SEA	State Education Agency	Agencia Educativa Estatal
SEEC	Special Education Early Childhood (Program)	(Programa de) Educación Especial para la Primera Infancia
SEI	Structured English Immersion	Inmersión en Inglés Estructurado
SELD	Systematic English Language Development	Desarrollo Sistemático del Idioma Inglés
SERP	Supplemental Early Retirement Plan	Plan Suplementario de Jubilación Anticipada
SES	Supplemental Education Services	Servicios Educativos Suplementarios
SET	Special Education Technician	Técnico de Educación Especial
SGT	Site Governance Team	Equipo Gubernativo del Plantel
SIDS	Sudden Infant Death Syndrome	Síndrome de Muerte Súbita del Lactante (cdc.gov)
SIFE	Students with Interrupted Formal Education	Estudiantes con Educación Formal Interrumpida
SIG	School Improvement Grant	Subvención de Mejoramiento Escolar
SIP	School Improvement Program	Programa de Mejoramiento Escolar
SIP	Site Initiated Placement	Asignación Iniciada por el Plantel
SIR	School Immunization Record	Comprobante de Inmunización Escolar
SIS	Student Information Services/System	Servicios/Sistema de Información Estudiantil
SLO	Schoolwide Learning Objectives	Objetivos de Aprendizaje para la Escuela Entera
SLO	Student Learning Objectives	Objetivos de Aprendizaje para el Estudiante
SLP	Speech and Language Pathologist	Patólogo del Habla y Lenguaje
SMART Goals	Strategic and Specific, Measurable, Attainable, Results-based, and Time-bound	(Metas) Estratégicas y Específicas, Mensurables, Alcanzables, Basadas en resultados y Dentro de un límite de tiempo

SNAP	Supplemental Nutrition Assistance Program	Programa de Asistencia para la Nutrición Suplementaria
SOAP	Student Opportunity and Access Program	Programa de Oportunidades y Acceso para Estudiantes
SOLOM	Student Oral Language Observation Matrix	Prueba de Observación del Lenguaje Oral del Alumno
SOTA	School of the Arts	Escuela de las Artes
SP	Statistics and Probability	Estadísticas y Probabilidad
SPC	State Performance Categories	Categorías de Desempeño Estatal
SPEDLEP	Special Education Limited English Proficient	Proficiente Limitado en el Inglés de Educación Especial
SPHCS	Specialized Physical Health Care Services	Servicios Especializados para el Cuidado de la Salud Física
SPI	State Performance Indicators	Indicadores de Desempeño Estatal
SPSA	Single Plan for Student Achievement	Plan Único para el Rendimiento Estudiantil
SSA	Social Security Administration	Administración del Seguro Social
SSC	School Site Council	Consejo del Plantel Escolar (cde.ca.gov)
SSI	Supplemental Security Income	Ingresos de Seguridad Suplementaria
SSID	State Student Identification	Identificación Estatal Estudiantil
SSIG	State Student Incentive Grant	Subvención de Incentivo del Estado para Estudiantes
SSN	Social Security Number	Número del Seguro Social
SSP	School Site Plan	Plan del Plantel Escolar (cde.ca.gov)
SSR	Similar School Ranking	Clasificación de Escuelas Similares
SSR	Sustained Silent Reading	Lectura Prolongada en Silencio (cde.ca.gov)
SST	Student Study Team	Equipo de Estudio Estudiantil
ST	Standards Test	Prueba de los Estándares
STAAR	State of Texas Assessment of Academic Readiness	Evaluación de Preparación Académica del Estado de Texas
STAR	Standardized Testing and Reporting (Program)	(Programa de) Exámenes y Reportes Estandarizados (cde.ca.gov)
STARS	Successful Transitions Achieved with Responsive Support	Transiciones Exitosas Logradas con Apoyo Receptivo
STD	Sexually Transmitted Disease	Enfermedades de Transmisión Sexual (ETS) (cdc.gov)

STEAM	Science, Technology, Engineering, Art, and Mathematics	Ciencia, Tecnología, Ingeniería, Arte y Matemáticas
STEM	Science, Technology, Engineering, and Mathematics	Ciencia, Tecnología, Ingeniería y Matemáticas
STS	Standards-based Test in Spanish	Prueba en Español Basada en los Estándares
SWPBIS	School-Wide Positive Behavioral Interventions and Supports	Intervenciones y Apoyos Escolares para el Comportamiento Positivo
T		
TA	Teacher's Aide/Assistant	Ayudante/Asistente de Maestro
TAG	Transfer Admission Guarantee	Garantía de Admisión por Transferencia
TANF	Temporary Assistance for Needy Families	Ayuda Temporal para Familias Necesitadas
TB	Tuberculosis	Tuberculosis
TBA	To Be Announced	Será Anunciado; Se Anunciará
TBC	To Be Continued	Continuará
TBD	To Be Determined	A/Por Determinarse; Será Determinado; Pendiente; Por Confirmarse
TBE	Transitional Bilingual Education	Educación Bilingüe de Transición
TDD	Telecommunication Device for the Deaf	Dispositivo de Telecomunicación para Sordos
TEFAP	The Emergency Food Assistance Program	El Programa de Asistencia de Alimentos de Emergencia
TEFL	Teaching English as a Foreign Language	Enseñanza de Inglés como Idioma Extranjero
TELPAS	Texas English Language Proficiency Assessment System	Sistema de Texas para Evaluar el Dominio del Idioma Inglés
TESOL	Teaching English to Speakers of Other Languages	Enseñanza de Inglés para Hablantes de Otros Idiomas
TK	Transitional Kindergarten	Kínder de Transición
TLCP	Teacher Loan Cancellation Provisions	Provisiones para la Cancelación de Préstamos para Maestros
TN	Tennessee	Tennessee
TOEFL	Test of English as a Foreign Language	Prueba de Inglés Como Idioma Extranjero
TRACE	Transition Resources for Adult Community Education	Recursos de Transición para la Educación Comunitaria de Adultos
TRANs	Tax and Revenue Anticipation Notes	Notas de Anticipación de Impuestos e Ingresos

TRV	Teen Relationship Violence	Violencia en las Relaciones de Adolescentes
TSI	Texas Success Initiative	Iniciativa de Éxito para Texas
TSLC	Trauma-sensitive Learning Community	Comunidad de Aprendizaje Sensible al Trauma
TTY	Text Telephone Device (fcc.gov)	Teléfono de Texto (fcc.gov)
TUDA	Trial Urban District Assessment	Evaluación de Ensayo de Distritos Urbanos
TX	Texas	Texas
U		
UAE	United Arab Emirates	Emiratos Árabes Unidos
UC	University of California	Universidad de California
UCP	Uniform Complaint Procedures	Proceso Uniforme de Quejas
UDL	Universal Design for Learning	Diseño Universal para el Aprendizaje
UK	United Kingdom	Reino Unido
UN	United Nations	Naciones Unidas
UNICEF	United Nations International Children's Fund	Fondo de las Naciones Unidas para la Infancia
USA	United States of America	(EE.UU.) Estados Unidos de América
USCIS	U.S. Citizenship and Immigration Services	Servicio de Inmigración y Control de Aduanas de EE.UU. (dhs.gov)
USD	University of San Diego	Universidad de San Diego
USDA	U.S. Department of Agriculture	Departamento de Agricultura de EE.UU.
USDOE	U.S. Department of Education	Departamento de Educación de EE.UU.
USI	Urban Systemic Initiative	Iniciativa Sistémica Urbana
USP	Urban Systemic Program	Programa Sistémico Urbano
USSR	Union of Soviet Socialist Republics	Unión de Repúblicas Soviéticas Socialistas
UT	Utah	Utah
V		
VA	Virginia	Virginia
VAPA	Visual and Performing Arts	Artes Visuales y Escénicas
VD	Venereal Disease	Enfermedad venérea
VEBA	Voluntary Employees Benefits Association	Asociación Voluntaria de Beneficios para Empleados
VEEP	Voluntary Enrollment Exchange Program	Programa de Intercambio de Inscripción Voluntaria
VI	Visual Impairment	Impedimento Visual
VIP	Very Important Person	Persona Muy Importante
VT	Vermont	Vermont

W		
WA	Washington	Washington
WAN	Wide Area Network	Red de Área Amplia
W-APT	WIDA-ACCESS Placement Test	WIDA-Prueba ACCESSS de Asignación
WASC	Western Association of Schools and Colleges	Asociación Occidental de Escuelas y Universidades
WGPA	Weighted Grade Point Average	Promedio de Calificaciones Ponderado/Compensado
WHO	World Health Organization	Organización Mundial de la Salud
WI	Wisconsin	Wisconsin
WIA	Workforce Investment Act	Decreto de Inversión en la Fuerza Laboral
WIC	Women, Infants and Children	Mujeres, Bebés y Niños
WIFI	(popular synonym for WLAN) Wireless Connection	(sinónimo popular de WLAN) Conexión Inalámbrica
WLAN	Wireless Local Area Network	Red Inalámbrica de Área Local
WORKs	Work Opportunity and Responsibility to Kids	Oportunidades de Trabajo y Obligaciones para Niños
WRAP	Writing and Reading Assessment Profile	Perfil de la Evaluación de Escritura y Lectura
WSPA	World Society for the Protection of Animals	Sociedad Mundial para la Protección de los Animales
WTO	World Trade Organization	Organización Mundial del Comercio
WV	West Virginia	Virginia Occidental
WWW	World Wide Web	Red Mundial
WY	Wyoming	Wyoming
Y		
YMCA	Young Men's Christian Association	Asociación Cristiana de Jóvenes
YOLO	You Only Live Once	Solo Se Vive Una Vez; Vida Sólo Hay Una
YRS	Year-Round School/Schedule	Escuela/Calendario de Año Continuo
YWCA	Young Women's Christian Association	Asociación Cristiana Femenina (ywca.com.mx)